学級の仲間づくりに活かせる
グループカウンセリング
対人関係ゲーム集

監修 田上不二夫
著 伊澤 孝

金子書房

はじめに

　本書では，対人関係ゲームについて，具体的な実施方法などを紹介しています。対人関係ゲームは，遊びをツールとしたグループカウンセリングの一技法です。遊びであるために気軽に実施ができます。しかし，ただの遊びではありません。人間関係や集団活動が苦手な子どもたちが，気がつけば笑い合っている，触れ合っている，助け合っている，そして学級ができあがっているという，適切に実施すれば集団づくりに非常に効果があるものです。認知行動論を理論的背景に，構成的グループエンカウンターのエクササイズの実施方法を参考にして生まれたカウンセリング技法です。

　一対一でそれぞれのゲーム機に向き合い，それを一緒に遊んでいるという感覚を疑わないいまの子どもたち。ともに行動するのは4～5人の小集団でそれ以上の中・大集団でのとまどい，いさかい，喜び，連帯感，所属感，達成感を体験できない，あるいは体験しない社会環境におかれているのが，現代を生きる子どもたちなのです。つまり，少人数の友だちとはつきあえるけれども，クラスメイトとして学級全体で協力し合うことが難しくなっています。これからの子どもたちは人とコミュニケーションをとることや集団のなかで人との関係を保つことなどを，意識的・意図的に経験しなければならないようです。

　そこで「遊び」というツールの登場です。遊びの体験なくしては，子どもの心は育たないのではないでしょうか。

　もちろん，ほかのグループアプローチと同様に対人関係ゲームを一回実施してみたからといって，クラスが劇的に変わるというようなことはありません。回数を重ねていくうちにきっと自然な流れの中でよいクラスができあがっていくようになるでしょう。

伊澤　孝

目　　次

はじめに　　伊澤　孝　i

第Ⅰ部　実践！　対人関係ゲームプログラム──ゲームの種類と進め方　1

交流するゲーム

1　いろいろじゃんけん　2
2　さけとさめ（室外＆室内）　4
3　〇〇バスケット　6
4　集まれっ！　8
5　じゃんけん列車　10
6　プロペラおに・
　　プロペラじゃんけん　12
7　木とリス　14
8　じゃんけんボウリング　16
9　くっつきおに　18
10　サイコロ・トーク　19
11　イチ・ニ・サン・シッ！
　　（初級・中級・上級）　20
12　探偵ゲーム　22
13　メリーゴーランド・トーク　24
14　足し算トーク　25

協力するゲーム

1　あいこじゃんけん　26
2　チョーク・リレー　27
3　友だちワープ　28
4　スクラムくずし　29
5　ねこ・ねずみ　30
6　のびちぢみリレー　31
7　こおりおに　32
8　手つなぎふやしおに　33
9　子鳥おに　34
10　人間いす　35
11　たからものドッチ　36
12　インベーダーゲーム　37
13　ナンバー・チェーン
　　（なんでも・チェーン）　38
14　発信地　40
15　友だちモンタージュ　41
16　聖徳太子ゲーム　42
17　いろいろビンゴ　43
18　定番ゲーム　44
19　スクイグル　46
20　なかまさがし（シール編＆創作編）　47
21　文房具みっけ（机編）　48
22　文房具みっけ（教室編）　49
23　いすとりゲーム　50
24　人間知恵の輪　52
25　平均台　ハグリレー　53
26　フラフープ送り　54
27　ぼう送り　55
28　カモーン　56
29　4マス・ドッチ
　　（3マス・ドッチ）　57
30　ナインです（サッカー）　58
31　ラインです（サッカー）　59
32　ありあり野球　60
33　サークル・リレー　62
34　目隠しリレー　63
35　風船バレーボール　64
36　キャッチ・ディスク　65
37　ぴったしジョギング　66
38　ぴったしウォーキング　67

役割分担し連携するゲーム

1　王様（王女様）ドッチ　68
2　けいどろ＆宝取りけいどろ　69
3　横つなひき　70
4　竹取物語　71
5　野球おに　72
6　くま・きじ・きつね　74
7　くまがり（初級）　76
8　くまがり（中級）　77
9　くまがり（標準）　78
10　くまがり（大バージョン）　80

心をかよわすゲーム

1　ありがとうシャワー　82
2　だれのキーワード？　83
3　あなたはどっち？　84
4　似顔絵メッセージ・
　　背中にメッセージ　86
5　ユアツリー（わたしの木）　88
6　ユアストーン　90
7　クッキー・デート　92

折り合いをつけるゲーム

1　グループ絵画　93
2　みんなでコラージュ　94
3　新聞紙タワー　95
4　ストロータワー　96
5　文房具タワー　97

第Ⅱ部　事例紹介と実施のポイント——より効果的に行うために　99

1　事例　100

実践例1　不登校の兆しが見えた悠一君（小学5年生）　100
実践例2　荒れてしまったクラスの立て直し（小学6年生）　103
実践例3　けんかばかりの陽子さん（小学3年生）　107
実践例4　日本語のできない外国出身の千晴さん（小学4年生）
　　　　　言葉を使わないゲームの例　111
実践例5　学童野球チーム（小学6年生以下）
　　　　　勝ちをめざすチームでの練習や試合の合間の仲間づくり　114
実践例6　書き込みいじめをされたみゆきさん（小学6年生）
　　　　　泣きながら謝り，許せるまで　118

2　実施のポイント　122

ポイント1　ジョイニング　122
ポイント2　各ゲームの展開　122
ポイント3　各ゲーム・アレンジの方法　124

ポイント4　マイ・プログラム作成の基本的な考え方　127
ポイント5　実施に関するＱ＆Ａ　127
ポイント6　SS（Strategy by Staff）会議　131

第Ⅲ部　対人関係ゲームの理論────より専門的に理解するために　135

（1）人間関係に注目する　136
（2）遊びを使った集団づくり　137
（3）人間関係が苦手な子どもと人間関係プログラム　142
（4）プログラムの構成　144
（5）実践の評価を行う　146

あとがき　　　伊澤　孝　147

第Ⅰ部

実践！ 対人関係ゲームプログラム

ゲームの種類と進め方

　各地に伝わる伝承遊び，ネイチャーゲーム，構成的グループ・エンカウンター，ピア・サポートなどとも共通するさまざまなゲームが，学校教育の現場で子ども集団に対して使われています。本書では，それらと共通する一般的に知られたものも含まれますが，著者が長年，対人関係ゲームプログラムの理論にもとづいて実践してきて「これは役立つ」と実感したゲームを紹介しました。実施を重ねるうちに改良したり，先行の実践者や仲間の教師たちから工夫を伝授していただいたりして，「群れづくり」をめざす対人関係ゲームプログラムの理念にそった用い方・ゲームの進め方になっています。気楽にページをめくって，「これなら自分のクラスでできそうだなあ」と思ったゲームを試してみてください。

いろいろじゃんけん

交流するゲーム 1

対象学年◎小学1年生以上
用意する物◎ストップウォッチ
こんなときにおすすめ◎朝の会・帰りの会などショート・タイム
　　　　　　　　　　　　ほかのゲームのウォーミングアップ
　　　　　　　　　　　　クラス編成後など出会いの場

ゲームの進め方

ひたすらじゃんけん

どんどん相手を探してじゃんけんし，決められた時間内に単純に何回勝てるかを競い合います。「よろしく」の握手をしてからじゃんけんしましょう。

両手じゃんけん

時間内の勝ち数を競います。両手で同時にじゃんけんを出し，両手とも勝てば勝ちになります。確立は9分の1。1回で決着したり，何回やっても決着しなかったりするのを楽しみます。決着がついたら次の人とじゃんけんします。

どっちひくのじゃんけん

時間内の勝ち数を競います。
① 両手で「**じゃんけん　ポン**」と出します。
② 「どっちひーく**のっ！**」で同時に片手を引っ込めます。
③ 残したほうの手で勝負を決めます。

決着がついたら次の人とじゃんけんします。

 ここがポイント

制限時間は1種類（1ゲーム）につき1分間がよいでしょう。

アレンジの例

「**さいしょはグー**」のかけ声を入れたり、なしにしたりします。また、「**ポン**」の一言だけでじゃんけんしたりします。そうすると、お互いに間をとって呼吸を合わせようとします。目を合わせることにもなります。

カウンセリングの視点

「**じゃんけん　ポン！**」の発声だけでも、参加者の不安・緊張を緩和させます。人とかかわることが苦手な子どもがいるときは、勝ち負けを強調することで相手を意識する気持ちを弱めることができます。自然に交流ができるようになったら勝ち負けより、人とかかわる楽しさに気づかせていきます。

さけとさめ (室外＆室内)

交流するゲーム 2

対象学年◎小学1年生以上
こんなときにおすすめ◎体育の授業での体ほぐしや走・跳の運動
　　　　　　　　　　　各ゲームのウォーミングアップ

ゲームの進め方（室外）

　2メートル間隔の並行線を引き，ペアが向き合って立ちます。
　一方が「さけ」，もう一方が「さめ」になります。
　先生がまず「さー，さー，さー……」と合図をため，
　「さけ！」と言ったら，さけが追いかけ，さめが逃げます。
　「さめ！」と言ったら，さめが追いかけ，さけが逃げます。

さけ　　　さめ　　　　　　　　さけ　　　さめ

　ときおり**「さる！」**などと，フェイントをかけましょう。
　「さけ」と「さめ」を毎回入れ換えると，瞬時の混乱が楽しめます。
　片側の列を1人ずつずらしていくと，ちがうペアが組めます。

ゲームの進め方（室内）

ペアが左手で握手し，先生が「**さけ！**」と言ったら，「さけ」は右手で相手の手をたたき，「さめ」はたたかれないように手を引っ込めます。

さけ　　　　さめ

先生が「**さめ！**」と言ったら，「さめ」は右手で相手の手をたたき，「さけ」はたたかれないように手を引っ込めます。

さけ　　　　さめ

アレンジの例

「さけ」と「さめ」を別の言葉に変えてみましょう。
　例１：「たこ」と「たか」，「かき」と「かに」，「わに」と「おに」……。
　例２：三音で「あひる」と「おひる」，「あくま」と「あくび」，「さんま」と「サンタ」……。

３人一組でやってみましょう。１メートル辺の三角形をつくり，「あめ・かめ・さめ」になります。先生がたとえば「**あめ・かめ！**」と言ったら，「あめ」と「かめ」が追いかけ，「さめ」が逃げます。
　例３：「カニ・カキ・カイ」，「アシタ・アシカ・アサリ」，「トンボ・田んぼ・マンボー」……。

カウンセリングの視点

１人対１人で多くのクラスメイトと向かい合えます。人とのかかわりが苦手な子どもには交流の機会となり，得意な子どもにはさらに交流が楽しめます。とくにクラス編成後や個々のつながりがうすいクラスでも使えます。短時間ですぐでき，各ゲームのウォーミングアップにもなります。

○○バスケット

交流する ゲーム 3

対象学年◎内容に応じてさまざまな学年で使えます。
用意するもの◎いす（参加人数より１個少ない数）
こんなときにおすすめ◎クラス編成後

ゲームの進め方

「好きなスポーツバスケット」の例

① いすを内側に向き合うように円形に並べ，おにを１人決め，ほかの人はいすに座ります。
② 参加者はそれぞれ，野球・サッカー・バスケット・テニス・卓球・ランニングなど，好きなスポーツを決めます。
③ おにが円の真ん中に立ち，たとえば「**団体競技！**」と言ったら，条件にあてはまる人は席替えします。「**スポーツ全部！**」と言ったら，全員が席替えします。
④ いすに座れなかった人が次のおにです。これを繰り返します。

「フルーツバスケット」の例

「好きなスポーツバスケット」と同じ要領です。
各自が果物を1つ決め,おにが「りんご」「みかん」「バナナ」などと言い,あてはまる人が席を移動します。

「なんでもバスケット」の例

おにが「今日の服に赤がある人」「朝食にパンを食べた人」「スイミングを習っている人」などと言い,あてはまる人が席を移動します。

「じゃんけんバスケット」の例

並べたいすの真ん中におにが立ち,全員とじゃんけんします。
おにに負けた人が,席を移動します。

アレンジの例

校庭や体育館で行う場合には,いすに座る代わりに参加者数よりも1個少ない数のボールを取り合います。おにが示す条件にあてはまる人は,持っていたボールをその場に残したまま,別のボールを取りにいきます。

カウンセリングの視点

クラス替えの後,新しいクラスメイトと自然にかかわり合う機会になります。人間関係のもち方が表れやすいゲームですので,気になる子どものチェックができます。「おになったら,一言コメントする」をルールにするとソーシャルスキルの練習になります。

集まれっ！

交流するゲーム 4

対象学年◎小学1年生以上
こんなときにおすすめ◎クラス編成後

ゲームの進め方

「○○バスケット」（6頁）の集合バージョンです。
「○○バスケット」は条件にあてはまる人が動きますが，「集まれっ！」は条件にあてはまる人のところに集まります。

① 先生（ゲームのリーダー）が，「スイミングを習っている人」のように条件を提示します。
② 条件にあてはまる人は，手をあげたり，「**はい**」と言ってまわりに知らせます。

③ グループになる人数を決めておき,その人数が集まったらその場に座ります。座れたら,1点獲得です。
④ 集める人の条件を変えながら繰り返し,獲得できた点数を競います。慣れてきたら,リーダー役をクラスメイトで交代し合って行いましょう。

 ここがポイント
　勝敗や生き残りにこだわらず,レクリエーションとして行いましょう。

 カウンセリングの視点

親しい友だち以外のクラスメイトとふれ合う機会になります。声を出したり手をあげたりして自分のことをみんなに伝え,集まってきてくれるドキドキ感を味わい合います。慣れてきたら,その話題(たとえば,「スイミングを習っている人」の条件では,スイミング)の簡単なスピーチをし合えると,ソーシャルスキルの練習につながります。条件にあてはまっているのに知らせようとしない,または知らせているのにクラスメイトが集まらないなどの場合があります。そのような子は仲間はずれにされているかもしれません。また,同性同士で集まる場合があります。このように,よく観察すると日常の指導に役立ちます。

じゃんけん列車

交流する
ゲーム
5

対象学年◎小学1年生以上
こんなときにおすすめ◎体育の授業の体つくり
　　　　　　　　　　　小学校の縦割り活動（とくにウォーミングアップ）
　　　　　　　　　　　各ゲームのウォーミングアップ

ゲームの進め方

① 自由に歩き回ります。先生（ゲームのリーダー）の笛が鳴ったら，近くにいる人とじゃんけんします。
② 負けた人が勝った人の両肩に手をおき，つながります。
③ さらに自由に動き回り，笛の合図があったら近くにいる先頭の人同士がじゃんけんします。
④ 負けた側は，勝った側の列の後ろにつながります。
⑤ これをどんどん繰り返します。

交流するゲーム

ここがポイント

笛の合図があったら，各列の先頭の人は必ずじゃんけんします。じゃんけんの相手が見つかったか確認してから，かけ声とともに同時にじゃんけんするのも一案です。相手がみつからない列がある場合は，3人（3つの列の先頭）でじゃんけんするなどの工夫をしましょう。

先頭の人だけに価値をおくとつまらなくなるので，一定の時間内で人数の多い列の人全員が勝ちチームになる設定もよいでしょう。

アレンジの例

足じゃんけん（両足をそろえてグー，前後に足を開いてチョキ，左右に足を開いてパー）や口じゃんけん（声に出してグー，チョキ，パー）でもできます。

カウンセリングの視点

勝っても負けてもグループ人数が増え，一体感がふくらみます。肩に手をおいてつながるという自然なスキンシップが親近感を生みます。

縦の列がでこぼこに動く楽しさが生まれます。縦割り活動で行うと低学年は「お兄さんやお姉さんにじゃんけんで勝った」などの素直な喜びが，高学年はそんな姿を見て「面倒をみている」という喜びが，味わえます。

プロペラおに・プロペラじゃんけん

交流するゲーム 6

対象学年◎小学3年生以上
こんなときにおすすめ◎体育の授業の体つくり

ゲームの進め方

プロペラおに

「ハンカチ落とし」のグループ・バージョンです。
① おにを1人決め,あとは3,4人で最初のグループをつくります。
② グループで列をつくり,各列の先頭の人たちが向き合い放射状に並びます。
③ おにはみんなの外側を走って回り,どれかの列の最後尾の人の背中にそっとタッチします。
④ タッチされた人はおにを追いかけます。気づいた同じ列の人もおにを追いかけます。
⑤ おにを追いかけた人は,1周して早い順に前(円の中心)からしゃがんでいきます。
⑥ 元の列に帰ってくるのが一番遅かった人が,次のおにになります。

プロペラじゃんけん

グループで列になっているのを利用し，グループ発表の順番決めなどに使います。

① ABCDそれぞれのチームの最前列の人たちが4人でじゃんけんします。
② 1人勝ちでも，2人勝ちでも，3人勝ちでも，勝負がついたら負けた人は最後尾に移動して座ります。
③ 勝った人はそのまま残り，先頭の4人でまたじゃんけんします。
④ グループの全員が負けるまでじゃんけんに参加し，最後まで残ったチームが優勝です。

 ここがポイント

全員がじゃんけんの責任を負うことになり，だれかが「私のせいで負けちゃった」というような事態がなくなり，みんなで勝負できます。
5グループ以上ではなかなか勝負がつきません。「先生とじゃんけんして負けたら列の最後尾に移動する」とルールを決めるとうまくいきます。

カウンセリングの視点

「ハンカチ落とし」は1人がおにを追いかけますが，このゲームは列の全員がおにと競走です。「いつ自分たちが，おににタッチされるか」と共通の思いをもっていた仲間と，突然競走し合うスリルを味わいます。

木とリス

交流する
ゲーム
7

対象学年◎小学１年生以上
こんなときにおすすめ◎朝の会・帰りの会などのショート・タイム
　　　　　　　　　　　　体育の授業の体つくり
　　　　　　　　　　　　各ゲームのウォーミングアップ

ゲームの進め方

① おにを１人決め，残った人たちは３人組をつくります。３人組のうち２人は向かい合って手をつなぎ，１人はその間に入ります。両脇の２人は木，間に入った人はその木に住むリスです。

② ３人組ができたら，おには次の３つのセリフのどれかを叫びます。

「オオカミがきたぞーっ」
木は動かず，リスだけがほかの木に移動します。

「きこりがきたぞーっ」
リスは動かず，木だけがほかのリスのところに移動します。

「あらしがきたぞーっ」
木もリスもバラバラになって新しい３人組をつくります。

③ 木にもリスにもなれなかった１人（あるいは２人）が，次のおにとなります。これを繰り返します。

ここがポイント

ゲームのなかでさまざまな「裏切り」が起きます。4人が2組の木のペアになってしまっている場合，誰かがペアを裏切ってリスにならなければいけません。さっと動いてしまったり，「ごめんね！」と動いてしまったり，4人で固まってしまったり……。いろいろな場合が生じ，スリルを楽しめます。

 アレンジの例

池とコイ

4人組で池とコイになります（3人が池をつくり，1人がコイになり真ん中に入ります）。

「**釣り人がきた**」でコイ（1人）が，「**ブル（ドーザー）がきた**」で池（3人）が，「**埋められちゃうぞー**」で池とコイ（4人全員）が逃げます。

どうくつとコウモリ

5人組でどうくつとコウモリになります（4人がどうくつをつくり，1人がコウモリになり真ん中に入ります）。

「**太陽が出た**」でコウモリ（1人）が，「**地震がきた**」でどうくつ（4人）が，「**つぶされちゃうぞー**」でどうくつとコウモリ（5人全員）が逃げます。

2人以上が取り残されるなどの状況に応じて先生（リーダー）が次の号令をかけます。

カウンセリングの視点

運動量の多さやゲームの単純さが，相手と手を合わせるなどの身体接触の抵抗を和らげてくれます。そこから生じる親近感を深めることがねらいです。

じゃんけんボウリング

交流するゲーム 8

対象学年◎小学1年生以上
用意するもの◎ストップウォッチ
こんなときにおすすめ◎体育の授業での体つくり
　　　　　　　　　　　小学校の縦割り活動・運動会など

ゲームの進め方

① チーム対抗戦です。守りのチーム（Aチーム）は，ボウリングのピンと逆順に並びます（右図）。

② 攻めチーム（Bチーム）はスタートラインから1人ひとりどんどん走っていき，1列目の誰か1人とじゃんけんします。勝てば2列目，さらに勝てば3列目へと進みじゃんけんします。途中で負けたら，スタートラインに戻ってやり直します。

③ 最後列の王様に勝てたら「クリア」です。2チーム対抗の場合は「先に○人クリアしたら勝ち」，3チーム以上で対抗する場合はたとえば「2分間でクリアできた人が多いチームが勝ち」など制限時間にクリアできた人数で競います。

```
          Aチーム

       ★              王　様

      ★ ★            3列目

     ★ ★ ★          2列目

    ★ ★ ★ ★        1列目
   ─────────────


   ─────────────
    ☆ ☆ ☆ ☆ ☆
    ☆ ☆     ☆ ☆
          ☆

          Bチーム
```

ここがポイント

ゲームの説明は，図（前頁）を使うとわかりやすくなります。

「3列目までは，前回と同じ人とはあたらないようにじゃんけんする」などのルールがあると，ピン側の子どもがじゃんけんする回数に偏りが生じなくなります。

王様以外の列の人数は臨機応変に決めましょう。

ピンは4列にするのがベストです。5列以上になるとなかなかクリアすることができず，3列ではわりと簡単にクリアできてしまいます。

アレンジの例

運動会で，児童をピン役に見立ててPTAの種目にできます。また，いすを用意して祖父母世代がピン役になり，高齢者との交流の種目にするのもよいでしょう。

カウンセリングの視点

チーム対抗のゲームですが，個人の動きに勝敗がかかります。そのため，集団になじめない子どもでも気楽に参加し，かかわりの楽しさを味わえます。また，守りになったときに1列目の中央にいると多くの人とかかわることができます。

くっつきおに

交流する ゲーム 9

対象学年◎小学1年生以上
こんなときにおすすめ◎体育の授業の体つくり

ゲームの進め方

① 5人に1人程度の数でおにを決め,おにには帽子をかぶります。おにと同じ数の「逃げる人」を決めます。その他の人は3人組をつくり,手をつなぎます(4人の組があってもOKです)。
② おには,逃げる人を捕まえます。
③ 逃げる人が3人組のはしにつくと,反対側のはしの人が3人組から離れて逃げる人になります。
④ 逃げる人がおにに捕まれば,おにを交代します。

アレンジの例

4人組,5人組で手をつないでもOKです。
参加人数が多くて5人組で手をつなぐときなど,おにや逃げる人を手つなぎにして,「2人つながり,2人ぬけ」にするのも楽しいでしょう。

カウンセリングの視点

自分の意志に関係なく,手をつなぐ人がどんどん変わっていきます。激しい動きの中で手をつなぐスキンシップも自然と行え,親近感が深まります。

交流するゲーム

サイコロ・トーク

交流する
ゲーム

10

対象学年◎小学3年生以上
用意するもの◎サイコロ
こんなときにおすすめ◎国語：「話す・聞く」の領域での特設授業として
　　　　　　　　　　　　朝の会でのスピーチ

ゲームの進め方

① 参加者で輪になって座ります。
　順番を決め，交代でサイコロをふります。
テーマの例：小学3，4年生「すきなもの」として，テレビ，おかし，アイドル，スポーツなど。
② あらかじめ時間の目安を決め，さいころの目のテーマについてスピーチします。

> テーマ「すきなもの」
>
> 1　テレビ　　2　おかし　　3　アイドル
> 4　スポーツ　5　あそび　　6　どうぶつ

ここがポイント

話が浮かばなければ，サイコロをもう1回ふったり，パスもOKにしましょう。

アレンジの例

クラス全員でも，小グループをつくってでもOKです。
本人でなく友だちがサイコロをふるのも楽しいです。
テーマは，学年・年齢によって自由に設定しましょう。

カウンセリングの視点

大勢の前で話すというソーシャルスキルの練習になりますが，楽しくできるようにする工夫が大切です。

第Ⅰ部　実践！　対人関係ゲームプログラム

イチ・ニ・サン・シッ！ （初級・中級・上級）

交流するゲーム　11

対象学年◎小学３年生以上
こんなときにおすすめ◎朝の会・帰りの会などのショート・タイム

ゲームの進め方

日本では「ドビン・チャビン・ハゲチャビン」，アメリカでは「バズ・フィズ」などと呼ばれているゲームです。
輪になって，最初に指さす人を決めます。
最初の人が誰かを指さすと同時に「１（イチッ）！」と言い，指さされた人はテンポよく続けて，誰かを指さしながら「２（ニッ）！」と言います。
指さされた人は同じように「３（サンッ）！」……と，次々に回していきます。
数をまちがえたり，テンポが遅くなったらアウトです。

初級（小学３～４年生）
「ドビン・チャビン・ハゲチャビン」
「１」「２」「３」**「ドビン」「チャビン」「ハゲチャビン」**で，「１」に戻り，続けていきます。

中級（小学５～６年生）
「チクタク・チクタク」
「１」「２」「３」「チク」「タク」「チク」「タク」**「ボン**（かね１回）」。
２巡めは「２」から始めて最後のかねを２回で「２」「３」「４」「チク」「タク」「チク」「タク」**「ボン・ボン」**。
同様に３巡めは「３」から始めてかねを３回で，「３」「４」「５」「チク」「タク」「チク」「タク」**「ボン・ボン・ボン」**。
だれかが言いまちがえたり，リズムを途切らせたりしたら終了です。

上級（中学生以上）
「バズ・フィズ」
５の倍数で**「バズ！」**，７の倍数で**「フィズ！」**と言います。
「１」「２」「３」「４」**「バズ」**「６」**「フィズ」**「８」「９」**「バズ」**「11」「12」「13」**「フィズ！」「バズ！」**「16」「17」……と，続けていきます。

交流するゲーム

 ここがポイント

反応できない子がいたら，配慮が必要です。万が一，特定の子が標的にされていたら，毅然とした介入が必要です。

 アレンジの例

例に示した3つを基本形に，学年・年齢によって自由につくりましょう。遊びながらクラスのオリジナルを考えましょう。

カウンセリングの視点

「自分のミスを仲間と楽しむ」気持ちのゆとりを体験させることがねらいです。

第Ⅰ部　実践！　対人関係ゲームプログラム

探偵ゲーム

交流する
ゲーム

12

対象学年◎小学3年生以上
用意するもの◎ストップウォッチ，探偵ゲーム・シート（質問項目リスト）
こんなときにおすすめ◎朝の会・帰りの会など

ゲームの進め方

① いくつかの質問項目を書いた「探偵ゲーム・シート」を用意し，全員に配布します。
② 自由に歩き回り出会った相手とじゃんけんします。勝った人が「探偵ゲーム・シート」のなかから質問を1つして，相手が「はい」「いいえ」で答えます。相手が「はい」と答えたら，その人の名前をシートに書き込みます。
③ 次に負けた人が勝った人に同様に質問を1つします。10項目全部のクラスメイトを見つけられるかな？

アレンジの例

事前に「人に知られてもいい秘密」などをアンケート調査しておくと，楽しい質問票が作成できます。

カウンセリングの視点

さりげなく相手のことを知ろうとしたり，自分のことを伝えたりしようとすることができます。「あなたは○○ですか？」「はい，○○です」「いいえ，○○です」という会話から，ソーシャルスキルの学習にもなります。

交流するゲーム

探偵ゲーム・シート　小学生用（例）

> 探偵ゲーム・シート
> あなたは名探偵。このクラスの中で，次の質問にあてはまる人を何人見つけられるかな？
>
> 1　犬が好き　　　　　　　　　　　　（　　）
> 2　本を読むのが好き　　　　　　　　（　　）
> 3　音楽が好き　　　　　　　　　　　（　　）
> 4　北海道より沖縄に行きたい　　　　（　　）
> 5　宝くじに当たったら，全部貯金する（　　）
> 6　ドラマを見て泣いたことがある　　（　　）
> 7　体はやわらかいほうだと思う　　　（　　）
> 8　痛いことに強いほうだと思う　　　（　　）
> 9　とっても恥ずかしがり屋　　　　　（　　）
> 10　よく笑うほうだと思う　　　　　　（　　）

探偵ゲーム・シート　中学・高校生用（例）

> 探偵ゲーム・シート
> あなたは名探偵。このクラスの中で，次の質問にあてはまる人を何人見つけられるかな？
>
> 1　犬より猫が好き　　　　　　　　　（　　）
> 2　読書より運動が好き　　　　　　　（　　）
> 3　ドラマより歌番組が好き　　　　　（　　）
> 4　ヨーロッパよりアフリカに行きたい（　　）
> 5　将来なりたい職業がある　　　　　（　　）
> 6　いい歌を聴くと涙が出てくる　　　（　　）
> 7　旅行に行くなら，まず食べ物で決める（　　）
> 8　何かしら自慢できることがある　　（　　）
> 9　消極的で後悔したことがある　　　（　　）
> 10　よく笑うほうだと思う　　　　　　（　　）

メリーゴーランド・トーク

交流するゲーム 13

対象学年◎小学5年生以上
こんなときにおすすめ◎何かの合間のちょっとした時間

ゲームの進め方

① お題を決めます。たとえば「好きな食べ物」などです。
② ペアになって二重の輪をつくります。じゃんけんして,負けたほうが「自分の好きな食べ物」について話します。
③ 1分たったら先生が合図します。
④ 次は1分間の質問タイムです。1問1答が原則です。
⑤ 質問タイムが終わったら,ペアを交代して続けていきます。

ここがポイント

短時間のスピーチですので,お題はシンプルなものがいいでしょう。
話はうなずきながら真剣に聞くように指導し,ソーシャル・スキル・トレーニングにつなげます。

カウンセリングの視点

聞いている相手が1人であることや必ず質問してもらえる設定で,ハードルの低い自己開示の機会をつくります。同じ話を何度もできることから,大勢の前でのスピーチ練習にもなります。聞いている側は,友だちについて楽しく知ることができ,クラス全体にネットワークが広がります。

足し算トーク

対象学年◎小学5年生以上
用意するもの◎話題シート
こんなときにおすすめ◎何かの合間のちょっとした時間

ゲームの進め方

① 4～6人でグループをつくります。
② 「**いっせーの,せっ**」などのかけ声で1～5本の好きな数を指で出します。
③ 指の数を合計して1の位を確認します。たとえば合計が15なら「5」になり,「5」の話題にグループ全員が交代でスピーチします。
　話題シートには,10とおりのテーマを用意します。

話題シート

1	むちゅうになっていること
2	うれしかったこと
3	かなしかったこと
4	はずかしかったこと
5	おもしろかったこと
6	おどろいたこと
7	行ってみたいところ
8	あこがれの職業
9	10年後の自分
10	宝くじで100万円あたったら

カウンセリングの視点

いつも一緒にいる親しい友だち以外のクラスメイトと話す機会をつくります。いやな思いをすることのないようにテーマを選び,楽しい時間を過ごせるようにします。

あいこじゃんけん

協力するゲーム 1

対象学年◎小学1年生以上
用意する物◎ストップウォッチ
こんなときにおすすめ◎朝の会・帰りの会などショートタイム
　　　　　　　　　　　　各ゲームのウォーミングアップ

ゲームの進め方

「勝つか負けるか」のじゃんけんではありません。
「どれだけ相手と気持ちを合わせられるか」のじゃんけんです。
「じゃんけん」の発声なしで，「**ポン！**」だけでやってみましょう。
出歩いて友だちとじゃんけんし，あいこになるまで「**ポン！**」，1分間で何人とあいこになれたかな？　人数を競います。

アレンジの例

高学年以上では，「グー・チョキ・パー」だけでなく，指を1本・3本・4本と示すことを加えて行うと少し難しくなり，楽しさが高まります。

カウンセリングの視点

「同じものを出そう」という気持ちにタイミングも合わせようとする動きが重なり，自然に相手と共働の意識がつくれるゲームです。

協力するゲーム

チョーク・リレー

協力する
ゲーム
2

対象学年◎小学1年生後半以降（高校生以上でも盛りあがります）
用意するもの◎チョーク，ストップウォッチ
こんなときにおすすめ◎何かの合間のちょっとした時間

ゲームの進め方

チョークをバトンに見立てて，教室の前の黒板の決められたコーナーに「しりとり」をしていくシンプルなゲームです。走者が後ろのロッカーや壁などに必ずタッチしてから，前の黒板に戻ってくるのが唯一のルールです。どのグループも黒板までの距離を同じにします。

ここがポイント

時間は1回につき，3～4分がよいでしょう。
教室の学習グループで行うと日頃のチームワークにもつながります。
前もって，道徳的に反する言葉や下品な言葉は使わないと約束します。

カウンセリングの視点

「しりとり」という簡単なゲームの感覚とグループ遊びの感覚が，勉強が苦手な子どものもつ「黒板に書くことの抵抗感」を少なくしてくれます。学習グループメンバーの連帯感にもつながります。

友だちワープ

協力する ゲーム 3

対象学年◎小学1年生以上
こんなときにおすすめ◎何かの合間のちょっとした時間

ゲームの進め方

① 探偵役を何人か決め，教室の外に出てもらいます。その間，ほかの人はいつもと違うバラバラの席につきます。
② 「入っていいよー」の合図で探偵役が教室に入り，30秒でみんなの席を覚えます。
③ 探偵役は再び外に出て，その間にこっそり何人かが席を交換します。
④ 「入っていいよー」の合図で探偵役は再び教室に入り，誰と誰がワープしたのかを探します。
⑤ 探偵役が交代で答えます。あらかじめ答えてよい回数を決めておくとよいでしょう。

協力するゲーム

スクラムくずし

協力する
ゲーム
4

対象学年◎小学1年生以上
こんなときにおすすめ◎体育：準備運動
　　　　　　　　　　　　走・跳の運動，体つくり

ゲームの進め方

イメージは「おしくらまんじゅう」です。スクラムを組むチームと相手スクラムを崩すチームに分かれます。
① スクラムを組むチームは背を内側にして輪をつくり，がっちりと腕を組んで座ります。
② スタートの合図で，崩すチームは相手チームのスクラムを崩しにいきます。

カウンセリングの視点

しっかりと腕を組み合いながら力をこめた運動でお互いがしっかり一つに結ばれます。厳格な勝敗基準はありません。激しい動きの中で，遠慮のない力の出し合いを楽しみます。

ねこ・ねずみ

協力する ゲーム 5

対象学年◎小学1年生以上
こんなときにおすすめ◎体育：体つくり
　　　　　　　　　　　休み時間などちょっとした時間

ゲームの進め方

① 追いかけ役のねこ，逃げ役のねずみを1人ずつ決めます。その他の人は内側を向いて手をつなぎ，大きな輪をつくります。
② ねこは輪の内側から，ねずみは輪の外側から……「ヨーイ・ドン」で追いかけっこです。
③ 輪をつくっている人は，ねずみが逃げるのを助けます。ねずみが通ろうとしたら，つないだ手を上げて協力します。ねこが通ろうとしたら，つないだ手を下げて，通りにくくしてねずみを守ります。
④ ねずみが捕まったら交代にしたり，時間を決めたりしながら進めましょう。

 ここがポイント

悪役（ねこ）も楽しめることがポイントですが，なかなか捕まえられずにいると，本当に悲しくなってしまいます。おに役に仲間がいないゲームです。注意して観察しましょう。

カウンセリングの視点

ねこ役には徹底して悪役になってもらい，みんなで一致団結してねずみを逃がすという組織感覚を体感できます。

協力するゲーム

のびちぢみリレー

協力する
ゲーム
6

対象学年◎小学1年生以上
こんなときにおすすめ◎体育：体つくり

ゲームの進め方

① 紅白2チーム，横一直線に手をつないで並びます。
② 「ヨーイドン」で，両チームの1番外側の人が左周りで走ります。
　相手チームが通るときにはみんなで伸びて，走る距離を長くします。
　自分チームが通るときにはみんなで縮んで，走る距離を短くします。
③ 1周したら自チームの1番外側の人にバトンを渡します。走り終えた人は自チームの1番内側へ入って手をつなぎます。
④ バトンを渡された人は同じように1周，これを繰り返します。速く全員が走り終わったチームの勝ちになります。

 ここがポイント

1チーム10人以上いると楽しいです。
相手チームが通って伸びようとするとき，はじめは勢いあまって手が離れてしまうことがよくあります。離れた瞬間，そのチームは負けにします。何度か試すと，息が合ってきて，とても楽しくなります。

カウンセリングの視点

同じ目的のために，チーム全員で協力します。適度な身体接触もあり，一体感，連帯感，親近感が感じられるゲームです。

こおりおに

協力するゲーム 7

対象学年◎小学1年生以上
こんなときにおすすめ◎体育：準備運動　体つくり
　　　　　　　　　　　　休み時間などちょっとした時間

ゲームの進め方

① 参加者の1～2割の人数のおにを決めます。
② ある程度の範囲を決めておにがその他の人を追いかけます。おににタッチされたら、その場に座って凍ります。
③ 逃げる仲間の誰かにタッチしてもらったら、ゲームに復帰できます。

アレンジの例

逃げる役の人が5枚の紙を持ち、「助けたら渡すカード」や「助けられたら渡すカード」などとすると、「逃げる・捕まえる」より、「助ける・助けられる」に意識が向きます。

慣れてきたら、凍っている人を助けるには2人同時にタッチするなどのルールにします。そのとき、たとえば「レンジでチン！」などの合い言葉をつくっておくと楽しめます。

タッチしてもらったら、必ず「ありがとう」と伝えるなどのルールで行うと、ソーシャルスキル・トレーニングにもつながります。

カウンセリングの視点

追いかけたり捕まったりするスリルと、助けに行ったり助けを待ったりするドキドキ感を味わいながら、人の役に立ったり人に助けてもらったりの喜びを体感できます。

協力するゲーム

手つなぎふやしおに

協力する
ゲーム
8

対象学年◎小学１年生以上
こんなときにおすすめ◎体育：体つくり

ゲームの進め方

① ５人に１人くらいの割合でおにを決めます。
② おには逃げる人を捕まえます。
③ 捕まったら２人で手をつないで逃げている人を捕まえます。誰かを捕まえたら３人で手をつなぎ，逃げる人を追いかけます。
④ さらにだれかを捕まえたら，一緒に手をつなぎ，逃げる人を捕まえます。
⑤ だんだんと手をつなぐおにが増えていきます。

カウンセリングの視点

手をつないでいるおにが４，５人と増え，さらにそれが何組にも増えていくと，追いかける速さではなく，両方から囲うなどの作戦で逃げる人を捕まえようとします。目的達成の方法が「個による行動」から「集団同士の協力行動」へと変化していきます。

子鳥おに

協力する
ゲーム
9

対象学年◎小学1年生以上
こんなときにおすすめ◎体育：体つくり
　　　　　　　　　　　休み時間などちょっとした時間

ゲームの進め方

① 5～6人でグループをつくります。
　両手で前の人の肩に手をおき，たて1列になります。1番前が親鳥，2番目以降が子鳥です。一方，グループの数と同じ数のおにを決めます。
② おにが捕まえるのは，各列の最後尾の子鳥です。
③ おには子鳥にタッチしたら，その子鳥の後ろにつながり，自分自身が子鳥になります。
④ 自分の列の子鳥がタッチされたら，今度は1番前の親鳥がおにになって，ゲームを続けていきます。

カウンセリングの視点

前から順番に親鳥・お兄さん鳥・お姉さん鳥……と仮の役割をもち，みんなで子鳥を守ろうとすることで，連帯感を味わえます。チームでの協力が必要です。

協力するゲーム

人間いす

協力する
ゲーム
10

対象学年◎小学1年生以上
こんなときにおすすめ◎体育：体つくり

ゲームの進め方

① 紅白2チーム，縦に並んで輪をつくります。
② それぞれ後ろの人のひざに腰かけ，「ヨーイ，ドン」で両手をあげます。
② そのまま，長い時間維持できたチームの勝ちです。

ここがポイント

体育「体つくり」では，「子鳥おに」などとセットで行うと「静と動」の組み合わせになります。身体接触があることを考慮しながら進めます。

カウンセリングの視点

同じ目的のために，全員が同じ動きをします。一体感・連帯感・親近感が感じられるゲームです。身体接触への配慮が大切です。

たからものドッチ

協力する ゲーム
11

対象学年◎小学1年生以上
用意するもの◎柔らかいボール2個，カラーコーンなど（宝物にします）
こんなときにおすすめ◎休み時間などちょっとした時間

ゲームの進め方

ボール2個を使って相手陣地の宝物をねらうドッチボールです。外野の人数に関係なく，ボールが宝にあたったり，宝を倒したりしたら勝ちになります。

アレンジの例

宝物の個数を決め，コート内の自由な場所に置いてよいことにします。
カラーコーンは，ボールがあたれば OK とします。
ペットボトルや空き缶を代用すると，逃げながら味方が倒してしまうなどのハプニングが生じます。
「4マス・ドッチ」や「3マス・ドッチ」（57頁）でも行えます。宝の数が少ないチームを守り合うことになります。

カウンセリングの視点

相手にボールをあてたり自分が逃げたりでなく，みんなで同じ物をねらったり守ったりすることで連帯感が生まれます。相手の宝物をあてにいく人や自分たちの宝物を守る人など，役割や貢献の仕方が広がります。

協力するゲーム

インベーダーゲーム

協力する
ゲーム

12

対象学年◎小学1年生後期以降（高校生以上でも盛りあがります）

ゲームの進め方

① インベーダー6人を決め，残りの人でA・B2チームをつくります。
② 図のようなラインを6本引き（7〜8メートル間隔がちょうどよい），それぞれのライン上にインベーダーが1人ずつ立ちます。
③ スタートの合図で，2チームとも各自6本のラインを走って通過を試みます（ジグザグ走行や逆走もありです）。インベーダーにタッチされたらアウト，再び挑戦です。
④ 1人が往復した回数を合計して，勝敗を決めます。時間は1回につき，3〜4分です。

カウンセリングの視点

相手チームの動きとインベーダーの動きを見ながら，同じチームメイト同士でタイミングをとり合ってお互いの通過を試みます。フェイントをかけたり，犠牲になったりしながら協力し合います。

ナンバー・チェーン（なんでも・チェーン）

協力するゲーム 13

対象学年◎小学3年生以上
こんなときにおすすめ◎落ち着いた時間を過ごしたいとき

ゲームの進め方

① それぞれ4桁以下の数を自由に思い浮かべます。
② 無言で伝え合い，少ない数字から左周りで輪をつくります。
③ 思い浮かべた数字を発表し合います。
④ それぞれ「なぜその数字を選んだのか」の理由を伝え合います。

ここがポイント

好きな数字やそのとき気になる数字での例を紹介しています。年齢や学年に応じて桁数を設定します。④の活動は無理に行わず，「合っていたね」「ちがってしまったね」で終了してもOKです。

たとえば，集めたシールの枚数，スイミングの目標タイム，お母さんの誕生日など，理由の例を示してあげるとよいでしょう。

クラスに落ち着きがなくなっているときなど，言葉で注意すると同時に，静かなゲームを行うことで，穏やかな時間を取り戻しましょう。

アレンジの例

「バースデーチェーン」として1年のうち誕生日の早い月日順に並ぶこともあります。

高学年以上なら，ナンバー（数字）でなくたとえば「都道府県チェーン」で「都道府県」からそれぞれ1つ思い浮かべます。「北から時計回り」などと決め，手文字や口パクで伝え合いチェーンをつくります。

「歴史上の人物チェーン」として，各自が1人の人物を思い浮かべます。手文字やジェスチャーでチェーンをつくります。「年代順に時計回り」などとすると勉強にもなります。

協力するゲーム

カウンセリングの視点

言葉を使わないでコミュニケーションを図りながら，みんなで協力して一つの輪をつくりあげます。ゲームの中で，自然に相手の伝えようとすることをわかろうとする気持ちが高まっていきます。そうなってくると心をかよわすゲームに近づいてきます。

第Ⅰ部　実践！　対人関係ゲームプログラム

発信地

協力する
ゲーム

14

対象学年◎小学３年生以上
こんなときにおすすめ◎何かの合間のちょっとした時間

ゲームの進め方

① おにを１人決めます。ほかの人は輪になりおにに内緒で発信地を１人決めます。
② 発信地になった人は，おにに気づかれないように，いろいろな動きをしていきます。
③ ほかの人は，発信地の人と同じ動きをまねします。
④ おには，誰が発信地なのかを探します。
⑤ 発信地の人が見つかったら，おにや発信地を交代して続けます。

ここがポイント

発信地になった人は一瞬の動きではなく，継続した動きをしましょう。

アレンジの例

輪をつくらず，教室内など範囲を決め，ばらばらの状態で行ってもよいでしょう。歩いたりスキップや片足けんけんをしながらでも盛りあがります。

カウンセリングの視点

一人ひとりが目線をごまかしたり，わざと動きを遅らせたりしながら誰が発信地なのかわからないように協力します。共通のヒミツをもったようなドキドキ感で，クラスメイトの連帯感や親近感が深まります。

協力するゲーム

友だちモンタージュ

協力する
ゲーム
15

対象学年◎小学3年生以上
こんなときにおすすめ◎何かの合間のちょっとした時間

ゲームの進め方

① 5～8人が教室の前に立ち，それぞれいろいろなポーズをとります。クラスのみんなは，それぞれがとっているポーズをしっかり覚えます。
② みんなに後ろを向いてもらいます。その間に何人かがポーズの一部を変えます。
③ 「前を向いて，いいよー」で，みんなは誰がどのような変化をしたのか探します。
④ 気がついた人が交代で答えていきます。

アレンジの例

ボタンを1つ外したり，シャツをズボンから出したりなどの服装を変える方法もあります。

カウンセリングの視点

共通の秘密をもったようなドキドキからの連帯感を味わえます。また，あらためてクラスメイトをよく観察したり，逆によく見られたりすることで親近感を抱くことができます。

第Ⅰ部　実践！　対人関係ゲームプログラム

聖徳太子ゲーム

協力する
ゲーム

16

対象学年◎小学3年生以上
こんなときにおすすめ◎朝の会・帰りの会など

ゲームの進め方（例「4文字」）

① 4人のグループをつくります。
② お題を「わ・た・あ・め」に決めました。
③ 4人は，みんなの前に立ち，1人1音ずつを「いっせーの」で発し，聞いているみんなは，話し合いながら何という4文字言葉かをあてます。
④ 聖徳太子は一度に10人の発言を聞き分けたという故事からゲームの名前をつけています。

アレンジの例

はじめは，子どもの並びを文字の順にすると要領がつかめます。少しずつばらばらにしていくとよいでしょう。

カウンセリングの視点

問題を出すほうは瞬間の音（声）を合わせようと，連帯感が高まります。あてる側は，1人ではできないことも，話し合って役割を決めるなど協力し合えば，できるということを体感できます。

協力するゲーム

いろいろビンゴ

協力する
ゲーム
17

対象学年◎小学３年生以上
用意するもの◎９マス空欄のビンゴシート（グループに１枚ずつ）

ゲームの進め方

① ３〜５人でグループをつくります。
② テーマを決め，各グループで話し合い９項目をビンゴシートに書きます。
たとえば，「クラスのよいところ」のテーマで９項目を書き出します。
③ グループで順番に自分たちが書き出した項目を１つあげ，丸をつけます。ほかのグループも同じ項目があれば，シートに丸をつけます。
④ タテ・ヨコ・ナナメで３つ並んだら「ビンゴ」（あがり）です。

ここがポイント

一人ひとりがそれぞれ「自分が思うこと」と「みんなが思いそうなこと」を考え，さらにグループ内では「自分で選んだこと」と「メンバーが選んだこと」を話し合います。

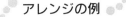 アレンジの例

３，４年生の場合は「おやつといえば」「おすしといえば」「くだものといえば」など，具体的なテーマにするとよいでしょう。
「このクラスを一文字で表すと」「運動会の思い出を一文字であらわすと」など，クラスの状態に応じて，心理的なテーマにして，グループでの話し合いの時間を多くとってもよいでしょう（右上の図参照）。

カウンセリングの視点

自分の考えることとみんなが考えそうなことを照らし合わせたり，話し合って選択したりしながら，互いを理解しあったりする体験ができます。

定番ゲーム

協力するゲーム
18

対象学年◎小学３年生以上
用意するもの◎えんぴつ，紙（ミスプリント等の裏でよい）
こんなときにおすすめ◎クラスでできたちょっとした時間

ゲームの進め方

① ４～６人の小グループをつくり，１人ひとりに紙と鉛筆を配ります。
② 先生（ゲームのリーダー，進行役）が，お題を出します。
  たとえば「**あたまが〈た〉で，３文字！**」などと言います。
③ それぞれ各自で考え，ほかの人に見られないように紙に記入します。
④ 「せーの」で回答を見せ合い，「何人が同じ答えを書いたか」の人数で班の得点ポイントになります。
  ５人グループの場合に，同じ答え（たとえば，たまご）が３人なら３点，さらに（たとえば，たばこ）が２人なら計５点となります。

ここがポイント
事前に道徳的でない言葉や下品な言葉は使わないと約束します。

アレンジの例

① いろいろな言葉を探します。

「あたまが〈あ〉で，3文字！」
あたま・あくま・アイス・あひる……
「あたまが〈さ〉で，3文字！」
さくら・さんま・さんご・さしみ……
「あたまが〈た〉で，おいしいもの！」
たこやき・たいやき・たけのこ……
「あたまが〈こ〉で，かわいいもの！」
こいぬ・ことり・コアラ……など，いろいろできます。
ゲームに使える時間によって出題数を調整しましょう。

② 自分の好みを答えます。
「おすしといえば!?」「いくら」「甘エビ」
「おかしといえば!?」「チョコ」「アイス」
「動物といえば!?」「犬」「ライオン」など……

「全員がちがっていれば○点」など，ボーナスポイントを設けても楽しいです。立ったままでもでき，手軽です。2～3問ずつでメンバーを変えて多くの人とかかわってもよいでしょう。

カウンセリングの視点

新しい学習グループを組んだときや，グループで行事的な活動をしていこうとするときなどに適しています。お互いに仲間が書きそうなことを予想して答えを探そうとすることで，メンバー間の連帯感が密になります。

第Ⅰ部　実践！　対人関係ゲームプログラム

スクイグル

協力する
ゲーム
19

対象学年◎小学3年生以上
用意するもの◎グループの数分の画用紙とクレヨンセット
こんなときにおすすめ◎図工：特設

ゲームの進め方

① 4〜6人のグループをつくり，1枚の画用紙と1セットのクレヨンを配ります。
② 各グループで話し合って作品のテーマを決めます。
③ 順番を決めて，それぞれが○□△☆のどれかの絵を描いていきます。1回につき，1種類です。位置・色・大きさ・数・向きは自由です（絵が苦手でも，無理なく参加できます）。
　作業が始まったら，言葉は使いません。
　仲間が描いたものを見ながら，自分で描くものを考えます。
④ あらかじめ決めた時間（20分くらい）で終了します。
⑤ 途中の気持ちなどを伝えあって，ふり返ります。

アレンジの例

順番を決めず，アイコンタクトをとりながら，自由に描き合うのもよいでしょう。

カウンセリングの視点

表現系のゲームは，発達障害の子どもが独創性を発揮するチャンスとなることもあります。

協力するゲーム

なかまさがし（シール編＆創作編）

協力する
ゲーム
20

対象学年◎小学3年生以上
用意するもの◎シール，付箋紙
こんなときにおすすめ◎グループ分け

ゲームの進め方

シール編
① 先生（リーダー）が，赤・青・黄色など数種類のシールを同じ数ずつ，参加者の背中に本人には見えないように貼ります。
② 参加者は話をしないで互いに協力しながら同じ色の仲間を見つけます。どの色が早く集まれるかを競います。

創作編
① 右下の表のように「仲間」同士（同じカテゴリーに属する）対になる言葉を1枚の付箋紙に1つずつ書きます。
② 先生（リーダー）は参加者の背中に1枚ずつ本人に見えないように貼ります。
③ スタートの合図で，話はしないで協力しながら自分の仲間を探します。まわりの人の承認で「まちがいない」と思ったら，みんなで座ります。
④ 全員が終了したら，お互いの付箋紙を取り合ってお互いに確認します。

りんご	みかん
ミット	バット
ピアノ	ギター
ノート	教科書

カウンセリングの視点

人の助けを借りながら仲間を探すという体験を通して，助けたり助けられたりの関係を学びます。

文房具みっけ (机編)

協力する ゲーム 21

対象学年◎小学3年生以上
こんなときにおすすめ◎学習の合間

ゲームの進め方

① 学習班のなかで,「みっける人」を2人決め,残りの人は「しかける人」になります。
② 「しかける人」たちは,机の上に出し合った文房具を自由に並べます。
③ 「みっける人」は1分間,それをじっと観察します。
④ 1分が経過したら,「みっける人」は1度後ろを向きます。その間に「しかける人」は何か1つを動かすことができます。道具の位置でも向きでもOKです。
⑤ 「みっける人」は前に向き直り,協力して③と何がちがったのかをみつけます。あらかじめ,答えられる回数を決めておくとよいでしょう。

カウンセリングの視点

しかける2人は共通の秘密をつくるという,みつける2人は秘密を探すという連帯感が生まれます。

協力するゲーム

文房具みっけ（教室編）

協力する
ゲーム
22

対象学年◎小学3年生以上

ゲームの進め方

① 宝物を1個決めます。たとえば，だれかの消しゴムでOKです。
② 次に，「みっける人」を2人決め，廊下に出てもらいます。
③ みんなで相談して，宝物を教室内のどこかに隠します（たとえば「○○さんのポケット」）とします。
④ 「入っていいよー」で，「みっける人」を教室の中に入れます。
⑤ 「みっける人」の2人は教室内を歩き，人差し指を指しながら宝物を探します。
⑥ そのとき，みんなは拍手をして「みっける人」のどちらかが宝に近づいたり，人差し指が宝のほうを指したら，拍手の音を大きくします（遠ざかったら，拍手の音を小さくします）。
⑦ 「みっける人」が「○○さんのポケット」と，あてたら終了です。

カウンセリングの視点

「みっける人」役の2人はみんなの拍手が自分のものなのかパートナーのものなのかを互いの動きで確かめ合います。みんなは，「みっける人」にわからないように話し合ったり隠したりしているのに，いざ探し始まったら拍手で協力するという不思議なゲームです。

いすとりゲーム

協力する ゲーム 23

対象学年◎小学3年生以上
用意するもの◎人数分のいす（新聞紙で代用してもよい）
こんなときにおすすめ◎体育：体つくり

一般的に知られる「いすとりゲーム」ではありません。じゃんけんをして負けたチームの乗るいすが1つずつ減らされていくゲームです。

ゲームの進め方

① 5～6人でグループをつくり，人数分のいすを並べて各自がその上に乗ります。
② じゃんけんする順番を決めておき，1番の人が先生とじゃんけんします。
③ 負けたグループは，いすを1つ減らします（先生にとってもらうのがよいでしょう）。残ったいすに落ちないように乗り，2人目がじゃんけんします。
④ 順番にじゃんけんをしていき，負けたグループのいすとりを続けます。
⑤ だれかが床に足を着いたら，そのグループは負けです。

協力するゲーム

ここがポイント

高学年以上は，男女対抗にするとよいでしょう。事前に，勝ち残るためやけがのないようにするために，並び方やつかみ合い方を話し合うと，より楽しく進められます。

アレンジの例

「いすは危険」と判断される場合，新聞紙を半分に切ったサイズを1人分のいす代わりとしても行えます。そのときは「全員片足立ち」などのルールを加えてもよいでしょう。

カウンセリングの視点

がっちりと支え合うという強い身体接触から親近感がわきます。また，自分が落ちないようにという思いだけでなく，メンバーも落とさないようにという仲間意識を体感できます。

人間知恵の輪

協力するゲーム
24

対象学年◎小学3年生以上
こんなときにおすすめ◎やや長い時間があるとき(学級活動,休み時間)

ゲームの進め方

① 知恵の輪を解く人を2人決め,その他の人は手をつないで輪をつくります(10〜14人程度がいいです)。
② 輪をつくっている人たちは手をくぐったり,またいだり,体をひねったりして,輪をからめます。
③ 解き役は,輪になっている人たちに指示を出し元の輪に戻します。
④ 輪になっている人たちは,解き役の言うとおりに動きます。先に元の輪に戻ってしまったチームが負けとなります。

 ここがポイント

手をつなぎ直すと解けなくなるのでつなぎ直しはしないようにします。
小学校高学年以上なら男女対抗で競争するのもよいでしょう。
大人では互いに配慮しあえますが,不参加もOKにしましょう。

カウンセリングの視点

複雑なからまりをつくろうとすると無意識に身体的距離が縮まり,親近感が深まります。また,自然と小さな輪に固まってくるので,一体感も高まります。身体接触に抵抗のある子どもへの配慮を忘れないように。

協力するゲーム

平均台　ハグリレー

協力する
ゲーム
25

対象学年◎小学3年生以上
用意するもの◎平均台

ゲームの進め方

① チームのだれかが，平均台の真ん中に立ちます。
② メンバーは，片側から歩いていき，お互いに落ちないようにすれちがいます。
③ どちらかが落ちたら，やり直し。
④ どちらも落ちずに反対側まで行けたら，床を走って次のメンバーに代わります。

カウンセリングの視点

がっちりと支え合うという強い身体接触から相手に対する親近感がわきます。また，自分が落ちないようにという思いだけでなく，相手も落とさないようにという助け合いの体験ができます。身体接触が苦手な人への配慮が必要です。

フラフープ送り

協力するゲーム
26

対象学年◎小学3年生以上
用意するもの◎フラフープ
こんなときにおすすめ◎体育:体つくり

ゲームの進め方

① 1チーム（10〜20人までOK）互いに手をつないで1つの輪になり，スタートを決めます。
② 「ヨーイドン」で手をつないだまま，フラフープを隣の人に送ります。

👆 ここがポイント

体育の「体つくり」などにおすすめです。

アレンジの例

参加人数や年齢・学年によって，縄跳びなど柔らかいものを使うと難易度が増します。また，フラフープや縄の数を増やして（それぞれスタート位置をずらす）行うのも盛りあがります。

カウンセリングの視点

輪を送ろうとするとき，隣の人との協力が生まれます。全員が向かい合い1つの輪をつくっていることで親近感が，さらに同じ目的を達しようとすることで連帯感が生まれます。

協力するゲーム

ぼう送り

協力する
ゲーム
27

対象学年◎小学３年生以上
用意するもの◎人数分の棒
こんなときにおすすめ◎体育：体つくり

ゲームの進め方

① １チーム（10～20人までOK）１メートル間隔で向き合って輪をつくり，左手に棒を床に立てて持ちます。
② 「ヨーイドン」で左手を棒から放し，右隣の人の棒が倒れる前につかめればOKです。

アレンジの例

高学年以上の場合，両手に棒を持って互いに向かい合い，「ドン」の合図でそれぞれが回り込んで２本をキープすると難易度が高く，盛りあがります。

カウンセリングの視点

しっかりと棒を立てて仲間に引き継ごうとする気持ちと，仲間の立てた棒を素早く引き継ごうという２つの気持ちが，集団での目的達成の喜びを大きくふくらませます。

カモーン

協力する
ゲーム
28

対象学年◎小学3年生以上
こんなときにおすすめ◎体育：体つくり

ゲームの進め方

① 5，6人でチームをつくり，縦列に並びます。じゃんけん役を1人決め，隣のチームの前に立ちます。
② 第1走者は，じゃんけん役のところまで走っていき，じゃんけんします。勝ったら，じゃんけん役を回ってスタートラインに戻り，第2走者にバトンをわたし，列の後ろに並びます。負けたら，仲間に「カモーン」と助けを呼びます。呼ばれたらみんなで走っていき，第1走者と合流してじゃんけん役を回ってスタートラインに戻ります。
③ 第1走者は，再び挑戦です。じゃんけんで勝てるまで繰り返します。メンバー全員がじゃんけんを終えられたら終了です。

ここがポイント

人間関係ができていないと負けた仲間を責めたり，負けまいと緊張を高めたりするので実施するタイミングが大切です。疲れたら，休むこともOK。

アレンジの例

状況に応じ「カモーン」を「ゴメーン」としてまちがえたときはすぐ謝るとしたり，「助けてぇ」の声かけで困ったら協力を求めてもよいでしょう。

カウンセリングの視点

負けているときのほうが笑いがわく不思議なゲームです。うまくいかなかったことをみんなで楽しむことができます。困っている（じゃんけんに勝てない）仲間のために行動する気持ちも体感できます。

協力するゲーム

4マス・ドッチ（3マス・ドッチ）

協力する
ゲーム
29

対象学年◎小学3年生以上
用意するもの◎柔らかいボール2個
こんなときにおすすめ◎長めの休み時間，学級活動

ゲームの進め方

4チーム対抗・4マスでのドッチボールです。相手3チームのどこをねらってもOK，外野はどこにいてもOKとします。
どこかのチームが全滅するか時間を決めてタイムアウトで終了とし，その時点で内野の人数が1番多いチームの勝ちです。その他の3チームはすべて負けです。

ここがポイント

ふつうのドッチボールでは，当然弱いチームから全滅します。この方法でおもしろいのは優勝が1チームですから，どこかのチームの内野が全滅しそうになると，3チームで連携して1番内野の多いチームを標的にできることです。すると優勢だったチームは劣勢になり，別のチームが優勢になります。今度はあらたに優勢になったチームを別の3チームで攻撃することになります。絶えず戦うチームと連携するチームが変わっていきます。
コートを円形にして3等分すると3マス・ドッチになります。

カウンセリングの視点

場面に応じて味方と戦う相手とがどんどん変化していきます。状況を読んで大声で知らせたり，必死にボールを追いかけたり，あるいは逃げ回ったり。ボールさばきが苦手でもいろいろな形でチームに貢献できます。同じチームの仲間同士で協力すると同時に，状況を読んでチーム同士で協力・連携し合う二重に協力が必要となるゲームです。

ナインです（サッカー）

協力するゲーム 30

対象学年◎小学3年生以上
用意するもの◎サッカーボール
こんなときにおすすめ◎体育：サッカー型ゲーム

ゲームの進め方

基本的なルールはサッカーと同じですが，次のようにして動きを多くします。
① ボールを2個にします。ライン（コート）を設けず，ラインアウトの中断をしないでボールを追いかけます。
② ドリブルは禁止します。ボールを2回続けて蹴ってはいけません。

 ここがポイント

通常のサッカーでは上手な子だけの展開になります。ボールを2個にしたりドリブル禁止にしたりすることでだれもが参加できるようになります。

カウンセリングの視点

勝ち負けも重要ですが，ボールを仲間と追う楽しさを体験できるゲームです。

協力するゲーム

ラインです（サッカー）

協力する
ゲーム
31

対象学年◎小学3年生以上
用意するもの◎サッカーボール
こんなときにおすすめ◎体育：サッカー型ゲーム

ゲームの進め方

「ナインです」とは反対に，ラインを多く引いたフィールドで戦います。コート内に1人ひとりの守備と攻撃の担当エリアをつくります。

カウンセリングの視点

ボールを使うチーム競技は究極の競争と協力のゲームです。ボールの動き，相手選手の位置，味方選手の位置を見て，連携し合うことが重要となりますが，そのままのルールでは技能の差による勝負になってしまいます。みんなが貢献しやすいようにルールを工夫してグループアプローチの要素を強くします。

ありあり野球

協力する ゲーム
32

対象学年◎小学3年生以上
用意するもの◎柔らかいボール,テニスラケット
こんなときにおすすめ◎体育:ベース型ゲーム

ゲームの進め方

野球の複雑なルールをなくして,「何でもありゲーム」にします。野球おに(72頁)はおにごっこの要素が大きいですが,ありあり野球は野球の要素が強いゲームです。

① ピッチャーは打者の近くから柔らかいボールを下手投げし,打者はテニスラケットで打ちます。打てたら,15〜20メートル間隔のベースを回ります。ベースは正確な四角に配置する必要はありません。
② 基本的にアウトになるのは,
 1.ボールをもっている守備の人にタッチされる
 2.ボールをあてられる(もちろん塁上はセーフ)
 3.次の打順までにホームに帰ってこられない
の3つです。
③ ランナーは1つの塁に何人いてもかまいません。フライやライナーで走ってもOKですが,進塁しようと走り出したら,元の塁には戻れません。フライを捕ってもアウトにしません(ゴロと同じ扱い)。

アレンジの例

1チームの人数は7〜12人くらいと,変えてみましょう。
ラケットがなければ,ハンドベースボールやキックベースボールにしましょう。
三振ありなしや何アウトで交代するかは,自由に決めましょう。

ここがポイント

野球を部活動などでやっている子どもは,本格的なルールを主張したがります。ゲームであることを納得させてから始めましょう。

協力するゲーム

カウンセリングの視点

犠牲バント，スクイズ，ラッキーなヒット……と，実は野球は究極の対人関係ゲームです。しかし，未経験者がいきなりは楽しめないのも事実。技術的難しさのポイントは打てないこと，判断の難しさのポイントはランナー。この2つをクリアしたのが，このゲームです。ヒットを打ってチームに貢献したり，バントで自己犠牲を払ってチームを助けたりなど，花形・裏方双方から個々の価値を認め合えます。

サークル・リレー

協力する ゲーム
33

対象学年◎小学3年生以上
用意するもの◎カラーコーン
こんなときにおすすめ◎体育：体つくり

ゲームの進め方

① 5～10人でチームをつくります。
② チームで1人を残して内側を向いて手をつなぎ，輪をつくります。
③ 輪の中に1人が入ります。
④ 折り返しポイントを回ります。
⑤ スタートラインに戻ったら，中の人を交代します。

カウンセリングの視点

つないだ手が離れないように，しっかり手を握り合います。身体を通して，人とのつながりを感じることができます。

協力するゲーム

目隠しリレー

協力する
ゲーム
34

対象学年◎小学5年生以上
用意するもの◎カラーコーン，目隠し（はちまきやタオル）になるもの
こんなときにおすすめ◎体育，体つくり

ゲームの進め方

① 3～5人でグループをつくります。
② グループで1列になり，前の人の肩に両手をかけてつながります。
③ 先頭の人は目隠しをして，2列目以降の人が「左右」と「前」を指示しながらリレーします。
④ スタートラインに戻ったら，目隠し（先頭）を交代します。

アレンジの例
高学年以上では各列最後の人だけが目隠しすると，スリルが増します。

カウンセリングの視点

速く走れる人がいても，いちばん大切なのは1人ひとりのスピード調整という，全体のバランスが求められるリレーゲームです。それぞれが激しい動きのなかで，常にチーム全体に合わせて協力する姿勢が必要です。

風船バレーボール

協力するゲーム 35

対象学年◎小学5年生以上
用意するもの◎風船，バレーボールのコート
こんなときにおすすめ◎体育：ネット型ゲーム

ゲームの進め方

ボールの代わりに風船を用いるバレーボールです。
① 風船なのでサーブしないで，相手コートに投げ入れることからスタートします。
② チーム全員が必ず1度は風船にふれてから，相手コートに返します。
③ 1人が続けて風船にさわっていい回数を決めておきましょう。
④ 風船を2個にすると運動量が多くなります。

ここがポイント

バレーを部活動などでやっている子どもは，本格的なルールを主張したがります。ゲームであることを納得させてから始めましょう。

アレンジの例

高学年以上では，ソフトバレーボールもOKです。はじめは100グラム程度のボールがいいでしょう。風船に近いので，ボール運動が苦手な人も楽しめます。

カウンセリングの視点

競技バレーボールでは，スパイクかブロックでポイントが決まります。一方，体育科の授業では「相手に打ち込む」ことよりも「味方につなぐ」ことを重視して指導することがよくあります。これを技術的なことで終わらせずに仲間意識につなげます。トスの際は，次の人の名前を呼ぶことができるようになると，親近感がいっそう増します。

協力するゲーム

キャッチ・ディスク

協力する
ゲーム
36

対象学年◎小学5年生以上
用意するもの◎フライング・ディスク

ゲームの進め方

1人1人がフライング・ディスクを持ちます。
2人組で向き合って,
3人組で三角をつくって,
4人組で四角をつくって……
「いち・に・の,さんっ」で同時に投げ,
互いにキャッチします。

アレンジの例

フライング・ディスクがないときは,テニスボールで下手投げ,バスケットボールでワンバウンドパス,ソフトバレーボールでチェストパスなど。

カウンセリングの視点

相手が受けとりやすいように投げると同時に,しっかりと受け取ろうとするところから,相手に対する気遣いを体感することができます。

ぴったしジョギング

協力するゲーム 37

対象学年◎小学5年生以上
用意するもの◎ストップウォッチ
こんなときにおすすめ◎体育：体つくり

ゲームの進め方

① ゆっくりのジョギングで1分程度で戻ってこられるコースを設定し，全員で確認します。
② ペアを組み，たとえば「ゴール目標タイム50秒」などと決定します。
③ 「スタート！」で一緒にコースを走り始めます。途中で歩いてはいけません。相談するときも「その場かけ足」などで動いていなければなりません。
④ 最後だけは，手をつないだり，肩を組み合ったりして同時にゴールします。先生は，各ペアが何分何秒でゴールしたのか伝えます。
　目標タイムに近いペアの勝ちとなります。

アレンジの例
3～4人グループにしても楽しめます。

カウンセリングの視点

自分たちで決めた目標を2人でめざすという協働作業であり，一体感を得ることができます。

協力するゲーム

ぴったしウォーキング

協力する
ゲーム
38

対象学年◎中学1年生以上
用意するもの◎ストップウォッチ
こんなときにおすすめ◎遠足などで自然が多い場所へ行ったとき

ゲームの進め方

① ゆっくりのウォーキングで5〜6分で戻ってこられるコースを設定し，全員で確認します。
② ペアを組み，たとえば「ゴール目標タイム5分30秒」などと決定します。
③ 「スタート！」で一緒にコースを歩き始めます。途中で立ち止まったり走ったりしてはいけません。ゆるやかな空気の中でいろいろな話をしながら歩きます。そのなかで自分たちの歩調を確かめ合います。
④ 最後だけは手をつないだり，肩を組み合ったりして同時にゴールします。先生は，各ペアが何分何秒でゴールしたのか記録します。目標タイムにより近いことをめざしますが，勝ち負けにあまりこだわらなくてよいでしょう。

カウンセリングの視点

立ちどまってはいけないルールなので，ゴール前での時間調整ができません。スタート直後から，自分の感覚を相手に伝えようとしたり，相手のペースに合わせようとしたりします。協力して目的を果たそうとすることがねらいです。

王様（王女様）ドッチ

役割分担し
連携するゲーム
1

対象学年◎小学1年生以上
用意するもの◎柔らかいボール2個
こんなときにおすすめ◎休み時間などのちょっとした時間

ゲームの進め方

2チームに分かれ，それぞれ王様（王女様）を1人決めて，ドッチボールを行ないます。外野の人数に関係なく，相手チームの王様（王女様）にあてたら勝ちになります。

アレンジの例

王様役を複数にしてもOKです。たとえば「王様とお姫様」「王女様と王子様」など。

高学年以上では，クラス対抗で「男子は全員ガードマン，女子は全員王女様」としても盛りあがります。女子が多く残ったほうが勝ちです。

カウンセリングの視点

守り役と守られ役（守るもの）を明確に決めて，みんなで協力し合います。守り役は責任感が，守られ役は信頼感がそれぞれ体感できます。「ガードマンと王女様」は，クラス内の男女が協力し合う体験ができます。

役割分担し連携するゲーム

けいどろ&宝取りけいどろ

役割分担し連携するゲーム 2

対象学年◎小学1年生以上
用意するもの◎ボールやペットボトルなど宝になるもの
こんなときにおすすめ◎体育：走・跳の運動

ゲームの進め方

けいどろ
警察とどろぼうに分かれての単純な追いかけっこです。
① 範囲を決めて、どろぼうが逃げます。どろぼうは、捕まったらろうやに連れていかれ（柱など場所を決める）、捕まった順に手をつないで助けを待ちます。
② 仲間がタッチしてくれたら、どろぼうは逃げることができます。同じ時間で立場を交替、どちらのチームが多く逃げきれたかで勝負します。

宝取りけいどろ
① どろぼうは、捕まらないように警察陣地にある宝を奪います。
② 捕まったら「ろうや」に入り、手をつなぎます。仲間がタッチしてくれたら、逃げることができます。
宝を奪ってどろぼうの陣地に運べたら、どろぼうの勝ちです。
どろぼうを全員捕まえたら、警察の勝ちです。

ここがポイント

途中で作戦タイムをとりましょう。
「くまがり」につなげるためのゲームとして有効です。

カウンセリングの視点

どろぼうが仲間を助ける、宝を奪うという目的をもつことで、いくつもの連携した動きが増えていきます。勝とうとして単純に走り回る楽しさ、おとりになるなど互いの動きを確かめたり、連携したりしながら仲間との連帯感を高めます。

横つなひき

役割分担し連携するゲーム 3

対象学年◎小学3年生以上
用意するもの◎綱引き用の綱
こんなときにおすすめ◎運動会や体育祭種目，体育：体つくり

ゲームの進め方

① 赤は赤の陣地，白は白の陣地に向けて綱を横に引き合います。
② ピンチのところへ移動して助けたり，チャンスのところへ移動して加勢します。だんだんと，綱は蛇行したかたちに変形します。
③ 誰かが自分の陣地に足を入れたら勝負ありです。

アレンジの例

運動会で，保護者が引き合い児童が指示するPTA種目にしたり，児童が縄を引き合い，保護者が指示する交流種目にしたりできます。

カウンセリングの視点

ピンチやチャンスのところへ移動するというエキサイティングな場面では，全体を見ながら協力し合う冷静さが大切です。「大人数で協力できた」という連帯感や充実感が味わえます。

役割分担し連携するゲーム

竹取物語

役割分担し
連携するゲーム
4

対象学年◎小学3年生以上
用意するもの◎3メートル程度の棒をたくさん
こんなときにおすすめ◎運動会や体育祭種目
　　　　　　　　　　　体育：体つくり

ゲームの進め方

① スタートの合図で棒まで走り，自分の陣地まで引き合います。
② ピンチのところへ移動して助けたり，チャンスのところへ移動して加勢します。つかんでいる棒で決着がついても，続けてほかの棒の応援ができます。
③ 自チームのラインまで引き込んだ棒の数が多いチームの勝ちです。

アレンジの例

棒でなくても，丈夫な古着や古タイヤでもOKです。
とくに古タイヤは円形の引き合いになるので迫力があります。

カウンセリングの視点

「横つなひき」と同様にピンチやチャンスのところへ移動し，全体を見ながら協力し合う冷静さが大切です。仲間と協力する楽しさを体感しましょう。

野球おに

役割分担し連携するゲーム 5

対象学年◎小学３年生以上
用意するもの◎柔らかいボール，テニスラケット
こんなときにおすすめ◎体育：ベース型ゲーム
　　　　　　　　　　　　運動部：冬場のトレーニング

ゲームの進め方

「ベースを使ったおにごっこ」です。１チームは５～15人くらい。
攻撃側は打った瞬間から逃げ役です。１塁から７塁を回ってホームをめざします。守備側は常におに役にボールをあてたりタッチしたりして，ランナー（おに）の進塁を阻止します。

① ピッチャーは近くで下手投げ，バットはテニスラケットを使用します（ラケットがなければ，ハンドベース，キックベースもOK）。
　　ベース間は，10～15メートル，正確な四角でなくてもよし。
② 基本的にアウトになるのは，
　　１　ボールを持っている人にタッチされる
　　２　ボールを当てられる（もちろん塁上はセーフ）
　　３　次の打順までにホームに帰ってこられない，の３つの場合です。
③ バッターやランナーは，
　　１　アウトになりそうになったら，どこに逃げてもOKです。
　　　つまり，遠回りしながら，次の塁をめざしていいのです。
　　２　さらに，１つの塁にランナーが何人いてもいいのです。
④ ３アウトで攻守交代です。

カウンセリングの視点

仲間を進塁させるために，おとりになろうと飛び出したり，示し合わせて一斉に走り出したり，突然みんなで，ばらばらの方向へ走ったりしてチームのために貢献する喜びを体感できます。

役割分担し連携するゲーム

くま・きじ・きつね

役割分担し連携するゲーム 6

対象学年◎小学2年生以上
用意するもの◎人数分の赤白帽子，3色のはちまき・たすき・ビブスなど
こんなときにおすすめ◎体育：体つくり
　　　　　　　　　　　　長めの休み時間

ゲームの進め方

① 3チーム対抗の宝の奪い合いです。
　きじチームは，きつねに捕まらないようにきつねの巣にある宝をねらいます。
　くまチームは，きじに捕まらないようにきじの巣にある宝をねらいます。
　きつねチームは，くまに捕まらないようにくまの巣にある宝をねらいます。

② 捕まったら，真ん中のろうやに入ります。味方がタッチしてくれたら，逃げられます。

③ 相手の宝を奪って，早く真ん中にいる先生に届けたチームの勝ちになります。宝を届ける途中で捕まったら，捕まえた人が宝を元に戻すことができます。

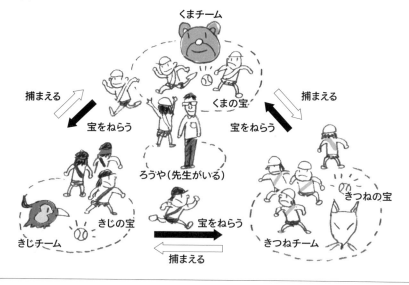

アレンジの例

低学年などは,「グー・チョキ・パー」の関係から始めるといいでしょう。

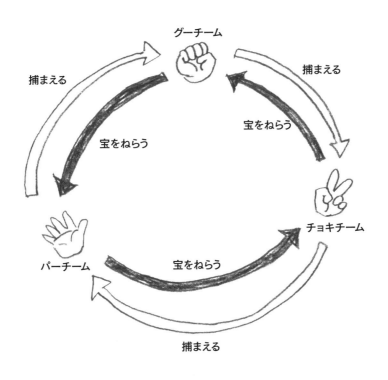

カウンセリングの視点

とてもシンプルな内容です。ほかのチームの宝を奪いに行く人と,自分のチームの宝を守る人を決めます。何度か行ううちに,人数配分やおとりの役割をつけるなど,分担を明確にした話し合いが行われていきます。

くまがり （初級）

役割分担し連携するゲーム 7

対象学年◎小学2年生以上
用意するもの◎人数分の赤白帽子，3色のはちまき・たすき・ビブスなど
こんなときにおすすめ◎体育：体つくり
　　　　　　　　　　　　長めの休み時間

ゲームの進め方

2チーム対抗の捕まえっこです。赤チームと白チームそれぞれ人数の3分の1ずつが，くま役，きじ役，きつね役になります。
くまは相手チームのきつねを，きつねは相手チームのきじを，きじは相手チームのくまを捕まえます。

ルール1　タッチした人は相手を自分のチームの陣地まで連れていきます。その際は2人とも帽子を取ります。「今はタイム」の合図です。

ルール2　捕まったら，相手チームの陣地に入ります。味方がタッチしてくれたら，逃げられます。生き残った数の多いチームの勝ちです。

たとえば30人学級で，
赤チーム15人

白チーム15人

赤の陣地　捕まった白が入る　捕まった赤が入る　白の陣地

カウンセリングの視点

仲間を守ったり守られたりして協力しあう関係を学びます。また，くまがり（標準）の中機となる3すくみの関係を学びます。ルールの理解が難しい子どもには，段階をふむことで複雑なルールも理解しやすくなります。

くまがり (中級)

対象学年◎小学3年生以上
用意するもの◎人数分の赤白帽子，3色のはちまき・たすき・ビブスなど，ボール（宝にするもの），カラーコーン・ボール入れなど（障害物にするもの）

ゲームの進め方

「くまがり（初級）」に以下のルールを加えます。

① 相手チームの宝を奪うことを目的とします（宝は陣地の中に置く）。宝を奪い，自分のチームの宝の隣に置いたら勝ち。宝を奪って戻る途中でタッチやパッカン（相打ち）をされた場合は宝をその場所に置いて，ゲーム続行します。

② パッカン（相打ち）をルールに加えます。くま同士・きじ同士・きつね同士が相手を捕まえる／捕まることを「パッカン」といい，相打ちとみなします。パッカンしたほうもされたほうも，帽子を取って自分のチームに戻って宝にふれるとゲームに復帰できます。パッカンが加わると，チーム内の連携の幅が大きく広がります。

カウンセリングの視点

2チーム対抗の追いかけっこですが，3すくみの力関係を利用して自分のチーム内で互いに協力・連携します。ゲームが進むと自らおとりになったり，犠牲になったりする人がでてきます。戦いの中でさまざまなことが起こっていきます。注意して観察しましょう。

くまがり (標準)

役割分担し連携するゲーム 9

対象学年◎小学3年生以上
用意するもの◎人数分の赤白帽子，ボール2個，3色のはちまき・たすき・ビブスなど
こんなときにおすすめ◎長めの休み時間，学級活動

ゲームの進め方

クラスが2チームに分かれて宝を奪い合います（赤チーム対白チームなど）。赤チーム・白チームともに，くま2人と，きじ・きつねをそれぞれ同数ずつとします。
くまは，相手チームのきつねをねらいながらきじから逃げます。
きつねは，相手チームのきじをねらいながらくまから逃げます。
きじは，相手チームのくまをねらいながらきつねから逃げます。
相手チームの宝を奪って自分のチームの陣地に持ち込むか，くまを2匹とも捕まえる，のどちらかで勝ちです。

ここがポイント

すべてのルールを理解してから始めるのは，難しいかもしれません。基本をおさえたら，少しずつ確認し合いながらゲームのなかでルールの理解を深めましょう。

体育器具庫にあるカラーコーン・ボール入れ・跳び箱などをランダムにおいて障害物にしてみましょう。楽しさが広がります。

ルールのおさらい

① 捕まえた相手は，自分のチームの陣地に連れていきます（その間は帽子を取り「今はタイム」の合図とします）。
② 捕まっても，味方にタッチしてもらえば逃げられます。助けた人も助けられた人も，帽子を取って陣地に戻り，自分のチームの宝にさわるとゲームに復帰できます。
③ くま同士・きつね同士・きじ同士は互いに相打ちになる「パッカン」ができます。その場合は，双方が帽子を取ってタイムになります。自分のチームの宝にさわるとゲーム復帰できます。
④ 宝を奪えたら，自分のチームの陣地に運びます。陣地にたどりつくまでにタッチされたらもちろん捕まってしまいます。宝はその場において，ゲームが続行されます。その後，宝を奪われたチームはプレーの中で宝を取り戻すことができます。

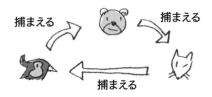

カウンセリングの視点

対人関係ゲームのシンボル的なゲームです。回数を重ねるほど，自分の役割を活かした連携や協力の仕方が広がります。追いかける・逃げる，助ける・助けられる，守る・守られるなど，いろいろな人との関係を体験・実感しましょう。

くまがり（大バージョン）

役割分担し連携するゲーム　10

対象学年◎小学３年生以上
用意するもの◎人数分の赤白帽子，ボール４個
こんなときにおすすめ◎長い時間，みんなで過ごせるとき

ゲームの進め方

先に紹介した「くまがり（標準）」の大人数バージョンです。
たとえば，３クラス総勢100人くらいでも行えます。各クラス半数ずつで，赤・白のチームに分かれます。
赤チーム・白チームそれぞれ，
１組は，相手チームの２組をねらいながら，３組に捕まらないように。
２組は，相手チームの３組をねらいながら，１組に捕まらないように。
３組は，相手チームの１組をねらいながら，２組に捕まらないように。
相手の宝（ボール２個）を奪って，中央にいる先生に届けたら勝ち！

ルール１　相手チームの人を捕まえたら，自分のチームの陣地に連れていきます（その間は帽子を取り，「今はタイム」の合図を出します）。

ルール２　捕まっても，味方にタッチしてもらえば逃げられます。助けた人も助けられた人も帽子を取って陣地に戻り，自分のチームの宝にさわってから，ゲーム復帰です。

ルール３　１組同士・２組同士・３組同士は互いに「パッカン」ができます。パッカンは相打ちで，帽子を取ってタイムになり，自分のチームに戻って宝にさわるとゲームに復帰できます。

ルール４　宝を奪えたら，自分のチームの陣地に運びます。その間タッチされたら捕まります。宝はその場に置いて，ゲーム続行です。その後，プレーの中で宝を取り戻すことができます。

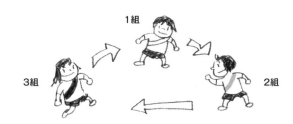

80

ここがポイント

参加人数が多いときには，宝を２つずつにして行動目標を増やします。また，判定を明確にするために宝を先生に届けることにしましょう。

カウンセリングの視点

どのような役割になれば仲間の役に立てるのか，それぞれが考えながらゲームを進めます。別のクラスの友だちと連携したり協力したりしながら，同じクラスの友だちを追いかけたり逃げたり，助けたり助けられたり，守ったり守られたりなど，「クラスが交わって，大勢で楽しく遊んだ」という学年の連帯感・一体感をもてます。

第Ⅰ部　実践！　対人関係ゲームプログラム

ありがとうシャワー

心をかよわす
ゲーム
1

対象学年◎小学5年生以上
用意するもの◎人数分のカード，鉛筆
こんなときにおすすめ◎クラスでささいなトラブルが多いと感じるとき

ゲームの進め方

① 7～8人のグループをつくり，人数分のカードを配ります。
② それぞれが助けてもらったり，手伝ってもらったりしたことを思い出してカードに書き込みます（なるべく具体的なことを書きましょう）。

> ○○さんへ
> ペンケースを落として中身が床に
> 広がったとき，拾うのを手伝って
> くれたね。
> ありがとう。

③ 椅子に座って輪をつくり，交代で輪の中心に立ちます。
④ まわりに座っている人は順番を決めて，次々にカードに書いたありがとうを伝えていきます。

カウンセリングの視点

「似顔絵メッセージ」（86頁）と似ていますが，言葉で「ありがとう」を伝えます。目の前にいる人から次々に具体的な行為への「ありがとう」が伝えられ，自己肯定感が高まります。お互いに人に親切にすることへの喜びを感じ合うことができます。

だれのキーワード？

心をかよわすゲーム 2

対象学年◎小学3年生以上
用意するもの◎ミスプリントの紙など
こんなときにおすすめ◎国語：話す・聞くの領域
　　　　　　　　　　　長期休業明けや行事の後など

ゲームの進め方

（例）お題は「夏休み」
① それぞれ，夏休みの思い出を一言で表し，そっと先生に伝えます。
② 先生は紙に書き出し，黒板に貼ります。
③ 互いに，だれのキーワードなのかをあて合います。

ルール1
きちんと手をあげ，先生に指名されてから答えます。
必ず理由（根拠）を言います（あてずっぽうはダメ）。
理由と誰かとの両方が正解であたり！

ルール2
名前を言われた人は，「あたり」か「はずれ」か告げます。
あたりの場合，あてられた人は短いスピーチをして，みんなで聞き合います。

 ## ここがポイント

筆跡で誰かがわからないよう，先生がキーワードを書きます。

アレンジの例

お題の例には，「最近夢中なこと」「最近おもしろかったこと」が考えられます。また「運動会のエピソード」など，行事のふり返りなどにも使えます。

カウンセリングの視点

クイズ遊び形式で，みんなが自分のことを考えて話題にしてくれて，友だちとともに心地よい雰囲気が生まれ，学級所属への安心感が広がります。先生に自分のキーワードをそっと耳打ちする瞬間もいいものです。

あなたはどっち？

心をかよわすゲーム 3

対象学年◎小学3年生以上
用意するもの◎ストップウォッチ
こんなときにおすすめ◎朝の会・帰りの会など

各ゲームのインストラクション

ゲームの進め方

① 事前に質問項目を書いたプリントを用意し、全員に配布します。
② 各自、自分にあてはまるほうに○をつけます。

Aパターン
③ ペアをつくり、いくつ同じだったかを数えます。
④ 時間を決めて同じだった項目について語り合います。
⑤ ペアを変えて、繰り返していきます。

Bパターン
③ グループで、時間を決めて順番に報告し合います。
④ 全員が終わったら、感想などを伝え合います。

 ここがポイント

次ページの質問項目例の場合、10項目中8項目以上が同じになることはほとんどないようです。

カウンセリングの視点

相手のことをさりげなく知ろうとしたり、自分のことを伝えようとしたりすることができます。互いに自分と違った価値観を認め合う感性が育ちます。

あなたはどっち？　（小学校用　例）

あなたはどっちを選びますか？

1	動物を飼うなら	犬か	ねこか
2	旅行に行くなら	海か	山か
3	朝ご飯は	ごはんか	パンか
4	給食でうれしいのは	カレーか	ハンバーグか
5	暖まるなら	ストーブか	こたつか
6	難しいのは	社会か	理科か
7	宿題に出るなら	漢字ドリルか	計算ドリルか
8	絵をかくなら	人物画か	風景画か
9	習うなら	スイミングか	ピアノか
10	庭に置くなら	ブランコか	普通のベンチか
11	無人島に持っていくなら	食べ物か	遊び道具か
12	みんなで遊ぶなら	おにごっこ系か	ボール系か
13	お年玉の使い道	好きな物を買うか	貯金するか
14	買ってもらえるなら	アニメのCDか	コミックか

あなたはどっち？　（中学校・高校用　例）

あなたはどっちを選びますか？

1	国内旅行なら	北海道か	沖縄か
2	実際に見られるなら	オーロラか	海中のサンゴ礁か
3	生まれ変われるなら	右利きか	左利きか
4	好きなのは	カレーか	ラーメンか
5	暖まるなら	ストーブか	こたつか
6	温泉に行く楽しみは	食べ物か	お風呂か
7	家を建てるなら	1階建て庭付きか	3階建て庭なしか
8	宝くじにあたったら	好きな物を買うか	貯金するか
9	今から習うなら	ピアノか	ギターか
10	庭に置くなら	ブランコか	普通のベンチか
11	上手になりたいのは	トークか	カラオケか
12	なれるとしたら	社長か	副社長か
13	男女同士で親友に	なれると思うか	なれないと思うか
14	おみやげにもらうなら	食べる物か	飾る物か

似顔絵メッセージ・背中にメッセージ

心をかよわす ゲーム 4

対象学年◎小学5年生以上
用意するもの◎画用紙（上質紙），鉛筆など
こんなときにおすすめ◎友だちの良さを伝え合わせたいとき

ゲームの進め方

5～10人のグループが適しています。
テーマ「あなたのいいところ」

似顔絵メッセージ

① 画用紙や上質紙に自分の自画像を描いて机の上に置きます。
② 配られたカードにクラスメイトの「いいところ」を書きます。
③ クラスメイトのいいところを書いたカードをその人の自画像の上に置きます。
④ それぞれ，クラスメイトが置いてくれたカードを読み合います。

背中にメッセージ

① 全員が背中にメッセージ用紙（厚めの画用紙などにひもを通したもの）を背負います。
② メッセージカードに互いに「いいところ」を書きます。
③ それぞれクラスメイトが書いてくれたメッセージ用紙を読み合います。

アレンジの例

たとえばテーマを「光っていた場面」にして，運動会等行事の後などに行ったり，テーマを「最近のありがとう」にして，「ありがとう メッセージ」を送ったり，さらに，解決したい事案などが学級にあればテーマを「最近のごめんね」にして「ごめんね メッセージ」を送るなどがあります。

 ### ここがポイント

「いいところ」のカードは，「グループのメンバー全員について書く」などとすると，書いてもらえない人が出なくなります。

「ごめんね メッセージ」は慎重に行いましょう。謝られる人が余計に傷ついてしまうことがあるからです。

学級の状況から「実施するにはハードルが高いな」と感じられるようなら，何かシンプルで楽しいゲームの後に行うとよいでしょう。

 カウンセリングの視点

人を肯定的に受け入れられる心情が育ちます。また，クラスメイトからメッセージが届くことで学級への所属感も高まります。

ユアツリー（わたしの木）

心をかよわすゲーム 5

対象学年◎小学5年生以上
用意するもの◎アイマスクなど目隠しになるもの
こんなときにおすすめ◎遠足，木の多い公園や学校林に行ったとき

ゲームの進め方

① たとえば「クッキーデート」(92頁) などを行い，偶然できたペアをつくります。お互いに夢や希望を語り合い，相手にふさわしい木のイメージをふくらませます。
② それぞれ一旦分かれて，相手のイメージに合った木を探します。
③ スタート地点を決め，ペアの相手にアイマスクを付け，その木まで案内します。
④ 案内された人は，さわったり臭いを嗅いだりして木の感触を確かめます。
⑤ 再びスタート地点に案内します。
⑥ 今度はアイマスクを取って，記憶に残った感覚で自分の木を探します。
⑦ あたったら，「なぜその木が相手のイメージなのか」伝えます。なかなかあたらなかったら，その木まで案内してからその木を選んだ理由を伝えます。
⑧ これをお互い行って，感想を話し合います。

 ここがポイント

やわらかな時間の流れのなかで行いましょう。

木を選ぶイメージは身体の特徴でなく，性格や内面の要素とするように事前に指導しましょう。たとえば「体が大きいから，太い木」などは，良くない選び方として紹介しましょう。

カウンセリングの視点

人に心をかけるゲームです。また自分の夢や希望を相手に興味をもって聞いてもらうと，自尊感情が高まります。そして，自分のよさを木になぞらえて表してもらうと，自己肯定感が強められます。

ユアストーン

心をかよわす ゲーム 6

対象学年◎小学5年生以上
用意するもの◎いろいろな形の石，目隠しになるもの
こんなときにおすすめ◎クラスに落ち着きが欠けているとき
　　　　　　　　　　　　互いの良さを伝え合わせたいとき

ゲームの進め方

① 1グループ4〜5人とし，各グループに10個程度の石を配ります。
② 自分の石をあてる人を1人決め，席を離れます（仮にマユミさん）。その他の人は話し合いながら，マユミさんのイメージに合う石を選びます。
③ 席に戻ったマユミさんはアイマスクをして，順番に全部の石に触ります。マユミさんに「1つめ」「2つめ」……と手わたしてあげましょう。
　マユミさんが選んだ石に触わっているとき，みんなで声を合わせて「ユアストーン！」と言います。
④ マユミさんが全部の石を触ったら，石をランダムに置き替えます。マユミさんはアイマスクを外して，みんなが選んでくれた石をあてます。
⑤ マユミさんが自分の石をあてたら，「なぜ，その石を選んだのか」その石のイメージを伝えます。たとえば「丸い感じでやさしそう」「底が平らで落ち着いた感じ」などです。これを次の人に交代して行いましょう。

ここがポイント
タイムを競わず，やわらかな時間の中で行いましょう。石を選ぶのは身体の特徴でなく，性格・内面のイメージとするよう事前に指導しましょう。

カウンセリングの視点

グループの仲間から自分のよさや印象を言葉で表してもらうことで自己肯定感が高まります。また，石を使ってイメージを表現することで，相手によさを直接伝える気恥ずかしさが少なくなります。

第Ⅰ部　実践！　対人関係ゲームプログラム

クッキー・デート

心をかよわす
ゲーム
7

対象学年◎小学5年生以上
用意するもの◎クッキー（または，せんべい）
こんなときにおすすめ◎ペアをつくるとき

ゲームの進め方

① クッキーを半分に割り，1人に1かけらずつ配ります。

② 参加者は，自分のクッキーとぴったり合う相手を探します。

③ クッキーが合ったら互いにあいさつして，話をしながら一緒に食べましょう。

カウンセリングの視点

大人でも楽しめます。普段かかわりの少ない相手とぴったり合ったり，いつも一緒に過ごしている人と合ったり，偶然のドキドキ感が味わえます。自由に話すというのは高度なソーシャルスキルを必要とします。

折り合いをつけるゲーム

グループ絵画

折り合いを
つけるゲーム
1

対象学年◎小学3年生以上
用意するもの◎グループの数の画用紙とクレヨンセット
こんなときにおすすめ◎図工の時間

ゲームの進め方

① 4〜5人のグループをつくり，各グループに1枚の画用紙と1セットのクレヨンを配ります。話し合って絵の「テーマ」を決めます。
② テーマが決まったら，どんな絵にしたいか，それぞれ黙って2分間考えます。
③ 各自が考えたら，グループの人に説明します。ほかのメンバーは黙って聞きます。賛同・反対・質問などもいけません。
④ 全員が意見を述べたら，どんな絵にするか3分間話し合います。
⑤ 順番を決めて，1人ずつ絵を描いていきます。言葉は使いません。
⑥ 1回につき1分で交代とします。これを繰り返し，作品を仕上げます。
⑦ あらかじめ決められた時間（20分くらい）で終了します。
⑧ 途中の気持ちなどを伝え合い，ふり返ります。

カウンセリングの視点

折り合うゲームの特徴は，自分の考えと人の気持ちを尊重しながら協力し合うことです。一人ひとりが自分の考えをきちんと伝えることが大切です。また子どもたちは，人の話をきちんと聴く姿勢が求められます。

みんなでコラージュ

折り合いをつけるゲーム 2

対象学年◎小学3年生以上
用意するもの◎1人1冊あたりの古雑誌とはさみ，グループにのり1個ずつ
こんなときにおすすめ◎図工の時間

ゲームの進め方

① それぞれ1冊ずつ雑誌を持ち寄り，4～6人のグループをつくります。話し合って作品の「テーマ」を決めます。
② それぞれテーマに合った作品に使う写真や絵をできるだけ多く切り抜きます（ここまで約10分です）。
③ 順番を決めて，1人1枚ずつ貼っていきます。作業中は言葉を使いません。仲間が貼ったものを見ながら自分で貼るものを考えます。
④ あらかじめ決められた時間（20分くらい）で終了します。
⑤ 途中の気持ちなどを伝え合い，ふり返りをします。

 ここがポイント

会話なし・無言で行う共同制作です。協力して作品を創りあげます。最初に雑誌を切り抜いて貼る用意をします。ほかの人が切り抜いたものとどのように調和させるかが課題です。

カウンセリングの視点

人と折り合い，自分の気持ちと折り合わなければなりません。折り合いがうまくできなかったグループへのフォローが必要です。

折り合いをつける ゲーム

新聞紙タワー

折り合いを
つけるゲーム
3

対象学年◎小学4年生以上
用意するもの◎1人1枚の古新聞（1人2分の1枚とすることもあります）
こんなときにおすすめ◎図工の時間，学級活動

ゲームの進め方

① 4～5人のグループをつくります。
　1班ごとに，1人1枚（大きく開いたその半分）の新聞紙を用意します。
② グループ内の新聞紙を使って，できるだけ高いタワーをつくります。
③ それぞれどのようなタワーをつくるか考えます。
④ 1人1分間ずつ自分の考えをグループの人に説明します。ほかのメンバーは話をよく聴きます。
⑤ （時間を決め）1番高いタワーをつくったチームの勝ちになります。
　ルール1　道具は，いっさい使いません。
　ルール2　自分の新聞は自分で使います。
　ルール3　作業中の会話は禁止です。
⑥ グループ内でふり返りを行います。

 ここがポイント

新聞を読んだり丸めてたたいたりなど，ふざけないように事前に注意しましょう。小学6年生くらいなら，はじめて体験しても1メートル50センチ近いタワーが立ったりして，楽しめます。

カウンセリングの視点

つくり始める前にグループのメンバーに説明する時間をとり，自分の考えを伝え，相手の考えも聞き合い，妥協点を探ろうとする折り合いの心を学びます。自分の気持ちを大切にすると同時に相手の気持ちを尊重するアサーションを学ぶ機会にもなります。

ストロータワー

折り合いを
つけるゲーム
4

対象学年◎小学4年生以上
用意するもの◎グループごとにはさみ・セロテープ・たくさんのストロー
こんなときにおすすめ◎図工（特設）・学級活動

ゲームの進め方

① 4～5人のグループをつくります。各グループにはさみ1個，セロテープ1個，ストロー100本（だいたいでOK）を配ります。
② 配られたストローを使って，できるだけ高いタワーをつくります。
③ それぞれどのようなタワーをつくるか考えます。
④ 1人1分間ずつ自分の考えをグループの人に説明します。ほかのメンバーは話をよく聴きます。
⑤ （時間を決め）1番高いタワーをつくったチームの勝ちになります。
　ルール1　はさみとセロテープだけ使えます。
　ルール2　作業中の会話は禁止です。
⑥ 途中の気持ちなどを伝え合い，ふり返ります。

ここがポイント

遊び担当の係を決めて，給食に出るストローをきれいに洗って貯めてもらい，ある程度たまったらゲームを行うのも一案です。「何かにもう1回使えないかな？」というリユースの気持ちにつながります。

カウンセリングの視点

高いタワーをつくるためのアイデアを出し合いますが，それぞれの思いでつくり始めたらバラバラになってしまいます。折り合いのプロセスを大切にしましょう。

文房具タワー

折り合いをつけるゲーム 5

対象学年◎小学4年生以上
用意するもの◎各自の机の中の文房具
こんなときにおすすめ◎ちょっとした休み時間

ゲームの進め方

① 4～5人のグループをつくります。それぞれが自分の机の中にある教科書などの本・ノートや文房具をすべて机の上に置きます。
② それらの本や文房具を使って,できるだけ高いタワーをつくります。
③ それぞれどのようなタワーをつくるのか考えます。
④ 1人1分ずつ自分の考えをグループの人に説明します。ほかのメンバーは話をよく聴きます。
⑤ （時間を決め）1番高いタワーをつくったチームの勝ちになります。
　ルール1　1回でも大きな崩れがあったら失格とします。
　ルール2　作業中の会話は禁止です。
⑥ 途中の気持ちなどを伝え合い,ふり返ります。

アレンジの例

「美しいタワー賞」「おもしろいタワー賞」「工夫したタワー賞」などの賞を設けると楽しさが増します。
ゲーム説明後,作戦会議をもたずに会話なしですぐに始めるパターンもあります。

カウンセリングの視点

作戦会議で,それぞれの考えをきちんと出し合い,それらをどのように活かしていくかを思い合うことが重要です。自分の考えを主張しつつも,ほかの人の考えを尊重する態度を大切にしましょう。

第Ⅱ部

事例紹介と実施のポイント

より効果的に行うために

　第Ⅱ部では，まず対人関係ゲームを実施した6つの事例を報告します。先行実践の例からプログラムのイメージをふくらませてください。つづく「実施のポイント」では，「ジョイニング」から「実施に関するQ&A」まで，実践者が課題としてきたことをまとめました。さらに，筆者と監修者で提案する「SS会議」を紹介します。

第Ⅱ部　事例紹介と実施のポイント

1　事　例

● **実践例1　不登校の兆しが見えた悠一君（小学5年生）**

1）「みんなが僕を避けるんだ」

　1学年2クラスの小さな小学校。周囲は田んぼが広がり，秋には夕日の光に一面の稲穂が黄金色に輝きます。そんな季節に5年生の悠一君に欠席が目立ちはじめました。ある日悠一君のお母さんから担任に電話がありました。「悠一がいじめられているらしい。みんなに避けられているようだ」という内容でした。悠一君がお母さんにそう話したそうです。

　担任の先生は早速クラスの子どもたちに聞いてみました。「いじめてはいない」「仲間はずれにもしていない」と，みんなそう言います。そんななか，ある男の子が「ただ……，汚いときがあるので，そういうときは避けちゃうことがある」と打ち明けました。先生が，みんなにたずねると，みんなも素直にうなずきました。悠一君は指や鉛筆をなめてそのままほかの物に触るなど，不衛生な行為も確かに多かったのです。

　「でも先生，僕たち悠一君を嫌いじゃあないよ。本当だよ」

　先生は，悠一君宅を訪問。正確にその事実を伝えました。悠一君もお父さん，お母さんも納得し，翌日には登校できるようになりました。

　しかし，翌日のクラスの雰囲気は張りつめたものになってしまいました。事の経緯を知っている5年生たちは，とてもデリケートに悠一君に接します。どうやら，気を遣いすぎてしまっているようです。

　「やっぱりみんな僕を嫌っている。学校なんか行きたくない」というほどわがままは言いません。でも，「好かれていない」という自信のなさは本心・本音のようです。やはりポツポツと欠席が目立つようになってきてしまいました。

先生は，何かしら具体的手立てを求め，職員室のスタッフと会議をもちました。

2）アセスメント〈みんなで一緒に手を洗おう〉
　悠一君の学校生活充実感テストの結果は下の図のとおりでした。予想どおり，悠一君はクラスメイトからの受け入れが十分ではありません。
　隣の学級の担任は対人関係ゲームの実践者でした。2クラス合同で短期のプログラムを実施することにしました。
　悠一君の「やっぱり嫌われている」，みんなの「嫌われていると思われていて，どう接していいかわからない」というお互いにある緊張を取り除いて，日常の関係が自然なものになれるきっかけをつくることがめあてです。悠一君が時折手を汚したままになっていたことがきっかけになっているので「ゲームの前には，全員必ず手を洗う」というルールを徹底し，そのうえで徐々に身体接触の多いゲームを増やしていくことにしました。

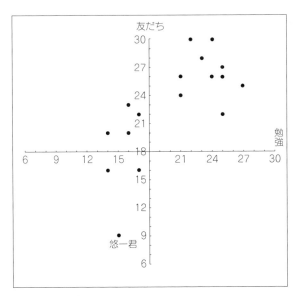

図　悠一君の学校生活充実感テストの結果（友だち関係と勉強）
　　縦軸は友だち関係について，横軸は勉強について，学校生活のなかで満足と感じているかどうかを示しています。悠一君は勉強がうまくいっているという実感をもてていませんが，友だち関係もクラスでとくにうまくいっていないと感じていることがわかります。

3）隣のクラスと一緒に対人関係ゲーム

各ゲームの前にウォーミングアップを行います。「ひたすらじゃんけん」（2頁参照），「あいこじゃんけん」（26頁参照）です。じゃんけんの前には握手をするルールです。「よーい，はじめ！」で，どちらも1分間での勝ち数・引き分け数を競うので，握手をためらっている暇はありません。

「じゃんけんボウリング」（16頁参照）でも，じゃんけんの前に握手をします。チーム対抗です。これもためらっていてはいけません。悠一君がボール側チームでも，ピン側チームでも，数多くの友だちと夢中にかかわれます。

「カモーン」（56頁参照）では，負けた仲間を助けに行くとき，手をつなぐようにしました。途中で手が離れるとスタートラインに戻らなくてはなりません。悠一君のチームもしっかりと手を握り合っています。さらに，じゃんけんに負けたとき「カモーン」でなく，「ゴメーン」にして行いました。ゲームの後，先生たちは，こっそり悠一君にアドバイスしました。「これからもし，指をなめてしまったときは，今のように『ゴメーン』と言って，明るく洗っておいで……」それから次の段階のゲームに進みました。

「こおりおに」（32頁参照）です。二人の先生には「悠一君が捕まって凍ったとき，みんな助けてくれるかな？」と少し不安がありました。このゲームのスキン・シップは各自の自主性によるものだからです。

「木とリス」（14頁参照）で試してみたのですが，大丈夫なようです。「こおりおに」では捕まって凍っている悠一君をみんなが普通に助けてくれました。助けられて「ありがとう！」を言う悠一君にもう不安はないようでした。「スクラムくずし」（29頁参照）では，恥ずかしがらずにできるように，お互いの足首をもって引っ張るというルールを男女対抗で行います。離れないように悠一君と体を密着させる男子にも，悠一君に足首をもたれ引っ張られる女子にも，嫌がる子どもはいませんでした。

2クラスの合同体育6回で，各回25分を使って対人関係ゲームの実施を重ねました。

その後の6年生のクラスでは，悠一君とみんなの緊張がほどけ，みんなが自然体でいられるようになったようです。もちろん，悠一君は毎日学校にきています。癖も時々出てしまいますが，「ゴメーン」をやっているようです。自分で

気がつき，手洗い場に走る姿をみんなが笑ってみているようになったのです。

〈監修者のコメント〉
　この事例で注目したいのは，二人の先生が悠一君に「手を洗おう」と伝えたことです。先生たちが悠一君に，「指や鉛筆をなめてはだめ!!」と強く指導したらどうでしょう。クラスメイトも，悠一君を「不潔なことをする子ども」とみるかもしれません。仲間はずしをするかもしれません。先生は，悠一君の「手を洗う」という自己資源を引き出すとともに，対人関係ゲームを活用して，悠一君を支える学級集団づくりをしました。
　やめさせたい行動を叱るのではなくて，やめさせたい行動を解消する逆の行動を考えます。「鉛筆をなめたらだめ!!」ではなくて「手を洗おう」と先生は声をかけました。子どもが適切な行動を行うように工夫して，適切な行動をしたら報われるようにすることが大切です。
　悠一君はどのような体験をしたのか，悠一君になったつもりで想像してみましょう。先生に言われたように手を洗ったら，クラスメイトと一緒に楽しい体験ができ，みんなが寄ってきてくれました。悠一君は，人間関係で自信を深めたことでしょう。
　先生の作戦がうまくいかないこともあります。悠一君が手を洗わなかったとしたら，先生はどうしたでしょう。別の方法を工夫したのではないでしょうか。ほかにどんな方法がありますか。みなさんはどう思いますか。

実践例2　荒れてしまったクラスの立て直し（小学6年生）

1）先生，それ無理，不可能です……。
　6年生に進級した4月もはじめのこと。
　先生　男女の仲のいい高学年って，いいよね。
　みんな　シーン
　ある男の子　先生，それ無理，不可能です……。
　女の子たち　うなずき

一戸建てやマンションが並ぶ住宅地。私鉄の駅も近く，近所には大型スーパーや小売店，飲食店もたくさんあります。1学年100人前後の小学校です。5年生のあるクラスで，問題が続きました。何人かで変に騒いで授業を妨害したり，空いている教室でさぼったり。悪ふざけがいきすぎて，一人の男の子をみんなで押さえて踏んだり蹴ったり……。

2）アセスメント〈クラス対抗でゲームをしよう〉

学校も担任の先生も何とかしたいと，職員室でその都度会議をもちました。特別授業参観・保護者説明会も開いて協力を求めました。でも，クラスの状態は悪化の一方でした。多くの女子は「このクラス，来年はもうもたない」と思ったそうです。校長先生は，高学年はクラス編成なしという開校以来の慣例の見直しも検討しました。

担任の先生の定期異動で，ほかの学年だった先生が6年生になったそのクラスを受けもつことになりました。まず，基本的な生活習慣を正しく指導することが必要です。しかし，厳しい生活指導ばかりでは，子どもの心も疲れるでしょう。並行してグループカウンセリングも必要であると考えました。

新しい担任は，対人関係ゲームの実践者でした。しかし，このクラスでは単独でゲームを行っても，楽しい雰囲気のイメージがどうしても浮かんできません。そこで，同じ学年の2クラスの先生に協力を求めました。

まず，遊びのなかでほかのクラスと競い合う場をつくる，そこからクラス内のよいかかわりを拾って，日常の生活指導に返していこうとしたのです。

3）学年みんなで，100人で

先生が選んだのは，「3マス・ドッチ」（57頁参照）です。

「3マス・ドッチ」をやってみると，子どもたちにドンピシャはまったようでした。2回目に実施したときは，その時間の終わりを告げると，どのクラスからも「もっとやりたい」の声の多いこと。先生たちは「みんながきちんと生活すれば，またやってあげるよ」と答えました。3度目の「3マス・ドッチ」男女別クラス対抗戦では，男子が女子を女子が男子をお互いに大きな声で応援しはじめたのです。担任の先生は，このときクラスが立ち直る兆しを感じたそう

です。

　学年全体で「くまがり（大バージョン）」（80頁参照）を行いました。目の前にある大きな公園で100人を超える同級生が，一斉に追いかけっこをするのです。

　各クラスを半分ずつにして，ABの2チームをつくります。このゲームのいいところは，きっちり人数をそろえなくてもいいところ。ラインを引かず，フリーなスペースでできるところです。

　「今日のAチームは，1～6月生まれ。Bチームは，7～12月生まれ」
　「先生。なんかAのほうが多いです」
　「細かいことは気にしないで，楽しもう！」

　ほかのクラスの友だちと協力・連携しなければならないこのゲーム。逆に，自分のクラスの友だちへの愛着に気づくことがねらいでした。

　さて，はじめての保護者懇談。担任の先生は「遊んでばかり」と思われないように，対人関係ゲームがただの遊びではない，グループカウンセリングのツールであり，よい集団づくり・クラスづくりのためであることを保護者の方々に伝え，理解を求めました。昨年度のような状態をなんとかしたいという思いがあり，保護者は賛成の様子でした。

4）生活指導とグループ・カウンセリングを並行して

　もちろん，日常生活の規律づくりやスキル教育も並行して行います。
　「もう6年生だから，『うん』はだめ，『はいっ』」「授業中に指されたらまず返事」「食器の出し入れに音は立てない」などなど……。あいさつや授業中の声も大きくなってきました。給食の準備・片づけも上手になってきました。

　「クラス単独で，楽しい時間を過ごせるだろう……」と「くまがり」（78頁参照）を行いました。ゲーム後はみんな笑顔いっぱいでした。

　「あー，楽しかった」「先生，今度いつやるの？」の問いに，先生の決まり文句をつくりました。「いい子にしていたら，その時だ！」

　その後，図工の1時間を借りて「ストロータワー」（96頁参照），ちょっと学習のまとめが早く終わった社会の時間の5分間に「イチッ・ニッ・サンッ・シッ」（20頁参照），同じように「発信地」（40頁参照），休み時間に男女対抗の「人間

知恵の輪」(52頁参照),体育の時間のはじまりに「スクラムくずし」(29頁参照),時々学年みんなで「3マス・ドッチ」や「くまがり(大バージョン)」……と,行っていきました。

その都度,ゲームのなかで協力や連携,トラブル,助けたり助けられたりを体験しました。その様子や気持ちをふり返り,日常の生活に重ねることを行っていきました。

前年度末の学校生活充実感テストで,友だちや先生に対して低得点がついていた子どもたちが,5月にぐんとアップしました。

クラスみんなでの遊び体験が自分たちを高めてくれていることに気づいた子どもたち。図工の時間の発想訓練に「新聞紙タワー」(95頁参照),体育の体つくりで「スクラムくずし」(29頁参照),社会では「聖徳太子ゲーム」(42頁参照)をしたり,「定番ゲーム」(44頁参照)を歴史上の人物で行いました。

先生の「みんなで何かやるかぁ」の言葉に「イエーッイ」と反応する子どもたち。いつの間にか,いいクラスです。

3月卒業前の保護者懇談では,お母さんたちが「いい友だちに恵まれた」と口々に伝え合っていました。もちろん,子どもたちも「小学校,とっても楽しかった」といって卒業していきました。

〈監修者のコメント〉

学級担任の先生による対人関係ゲームで子どもと子どもがつながり,ゲームで協力し合えるようになると,学級に変化が生まれました。よかったですね。先生の工夫から学んだことがいろいろあります。

先生の指示に子どもが従わない学級では,ゲームをすることができません。先生の説明に従ってルールを守り合わないとゲームが成立しないからです。このような場合には選択肢がいくつかあります。

ひとつは,ルール説明を聞いている一部の子どもとゲームを始めることです。楽しいゲームを繰り返し実施していると,一人入り二人入りして,しだいに参加する子どもが増えていきます。2か月ほど毎日のように短時間のゲームを繰り返していると,全員が参加するようになってきます。そのころには,子どもたちは先生をゲームの名人と考えるようになることでしょう。

学級担任の先生は学年3学級合同で対人関係ゲームを実施しました。このようにほかのクラスと合同で対人関係ゲームを実施するのも一つのやり方です。この方法のよさは，学年の先生同士が協力し合えることです。また学級対抗にすることで，学級内の仲間意識が育ちやすいということもあります。気をつける点は，ゲームはチーム内の協力が必要なことです。人間関係がうまくいっていない学級は，子ども同士の協力が難しいのです。しかしゲームに勝とうという気持ちがわいてくると，クラスの子どもたちは協力するようになり人間関係が大きく改善してきます。

　先生の実践で注目したい点は，厳しい生活指導と対人関係ゲームを組み合わせていることです。なんでもかんでも対人関係ゲームをすればよいということではありません。全体の教育計画のなかで対人関係ゲームを活用する先生の姿勢が大切です。

実践例3　けんかばかりの陽子さん（小学3年生）

1)「わたしは，悪くない」
　年度始め，3年生単学級の少人数クラスに陽子さんが転入してきました。お母さんによると，前に通っていた学校ではクラスでいじめにあって，不登校寸前だったそうです。陽子さんは，新しい学校でもなかなか友だちと交流できず，一人でいることが増えていきました。
　担任の先生は単発的に対人関係ゲームを行いましたが，陽子さんはなかなか楽しめませんでした。陽子さんは一人でいるどころか，友だちとのトラブルも増えていきました。
　とくに俊彦君とは犬猿の仲。いつもすごい口げんかです。体の大きな俊彦君，手は出さないものの，目を真っ赤にして大声で怒鳴ります。一歩も引かない陽子さん，この光景はクラスで珍しいものではなくなっていきました。
　一方，陽子さんのけんか相手は俊彦君だけではなかったのです。喜美子さんです。すれちがうだけで，相手への視線には火花が散ります。口をとがらせながら，無言の圧力。喜美子さんも負けてはいません。それは，クラスのみんな

が感じとれるほどです。というより，二人ともまったく隠そうともしないのです。少人数のクラスの子どもたちは，大きな緊張を抱えてしまったのです。
「俊彦君も喜美子さんも大嫌い」
「わたしは，何もしていない」
「いつもあっちからしかける」
陽子さんは，言い切ります。
　とは言っても，やはり一人はさみしいのでしょう。時折笑顔で近づくのですが，きっぱりとかかわりを拒否されます。喜美子さんは仲のいい友だちの手を握って去ってしまいます。俊彦君は「なんだよお」といきなりけんか腰です。二人とも，普段陽子さんに言われている悪口がどうにも許せないようです。そして，また，陽子さんの「あっちが入れてくれない」に戻るのです。

2）アセスメント〈楽しい雰囲気で学びあおう〉

　先生は陽子さん・俊彦君・喜美子さんを中心にソーシャルスキル教育を行いました。でも，各種トレーニングが重たい雰囲気のままに流れてしまいます。学校生活充実感テストの結果をみると，三人はクラスメイトに十分に受け入れられていないことがわかりました。
　「まず，楽しい雰囲気をつくらなくては，何も心に響かないな……。遊びが嫌いな子どもはいない。プログラムをよく考え直して，対人関係ゲームをこつこつと継続しよう」と，先生は思いました。

3）ソーシャルスキルと対人関係ゲーム

　ふり返ると，たとえば「こおりおに」（32頁参照）では，「タッチした」「していない」のもめごとにいちいち先生がジャッジしていました。そんな先生のあせりが，子どもたちが育つことを遅らせていたようです。
　「先生は審判しないよ。問題は，本人同士で必ずその場で解決しようね」と約束して，休み時間や体育の時間を利用して，ゲームを重ねました。争いをあせらずに見守ると，「タッチした」「いや，していない」の言い争いが「じゃあ，じゃんけんしよう」に変わっていきました。
　みんなが楽しく終われたときを見計らって，軽いふり返りをします。「俊彦君，

陽子さんが凍っていたのを助けたね」「陽子さん，笑いながら喜美子さんを追いかけていたね」「また，やる？」。みんなが「やる！」と盛りあがります。三人も「やる！」「よーし，じゃあ，今度から助けてもらったら，必ず『ありがとう』を言うことをルールにしよう」と言います。

　少しずつスキルのトレーニングを併用していきます。

　「じゃんけんボウリング」（16頁参照）の後に，「仲間の入り方」のスキルをトレーニングしました。ゲーム中の挑む相手に対する「よろしく」や「お願いしまーす」を思い起こさせます。「カモーン」（56頁参照）の後に，「あたたかい言葉かけ」のスキルをトレーニングしました。ゲーム中，続けて負けてしまった仲間に対する「ドンマイ」の一言や一発で勝った仲間に対する「いいぞぉ」や「オッケー」の一言を考えさせます。

　このとき，陽子さんは「ほめるって，ちょっとだけ楽しい」とつぶやき，みんなが彼女の変化を感じとりはじめました。

4）つながりはじめた二人

　「みんなでコラージュ」（94頁参照）の後に，「上手な頼み方」「上手な断り方」のスキルをトレーニングしました。ゲーム中，言葉で伝えられなかったもどかしさを思い起こさせます。陽子さんと俊彦君が言い合いをはじめてしまいました。「そっちが勝手にやっちゃうんだもの」「おまえもやったろ」。でも，二人とも笑っています。「わかったよ，（手を合わせるジェスチャーをしながら）じゃあ，今度はこれが合図ね」と，どうやら二人の心がつながりはじめたようです。

　「くまがり」（78頁参照）の後に，「クラスのためのミーティング」を行いました。一人の男子から「落ちているものがあったら，みんなで拾おう」という提案がありました。床に落とし物の多い陽子さんへの配慮なのでしょう。最後の感想で，陽子さんは「今までどうでもいいと思っていたけれど，ちょっと変わった」と言いました。

　「4マス・ドッチ」（57頁参照）の後は，みんな汗まみれ。心も軽やかなのでしょう。「クラスのためのミーティング」も笑顔で進みます。

　この頃には，陽子さんと喜美子さんはじゃれ合ったり，動物の鳴き真似ごっこで笑い合ったりするようになりました。もちろん，喜美子さんと仲のよい友

だちも一緒です。「だれのキーワード？」（83頁参照）では，「ヒットは俊彦君，この前打ったって言っていた！」と，なんと，陽子さんが俊彦君と会話した内容をとてもよく覚えていることもわかったのです。

　ゲームの中で自然に楽しい会話をしているのですから，普段の休み時間も気がつけば互いに自然体です。三人のトラブルがめっきりなくなり，クラスが居心地のよい空間になりました。

〈監修者のコメント〉

　陽子さんの人間関係は攻撃性の強いものです。それで人間関係がうまくいきません。陽子さんはけんか腰ですが，人と関係をもちたいのでしょう。人間関係をつくるのがいやなら，ほかの子どもとかかわらなければよいのですから。

　先生は，ソーシャルスキル・トレーニングで陽子さんとクラスの子どもたちをつなげようとしました。しかし，最初は失敗です。陽子さんとクラスメイトに，人と楽しむこころの余裕がありませんでした。先生にも気持ちの余裕がなかったのかもしれません。先生はゲームの進め方を子どもたちにまかせることにしました。言い争いも見守ることにしました。

　子どもたちはぶつかり合いながら，じゃんけんによって自分たちの問題を解決することを学んでいきました。また対人関係ゲームをとおして一緒に楽しめる人間関係もできてきました。

　先生は，陽子さんとクラスの子どもたちにソーシャルスキルが不足していると考えていました。ゲームのなかで助けたり助けられたりしているようすを子どもたちにフィードバックしたり，人との関係をスムーズにするソーシャルスキルをゲームのルールにとり入れるようにしました。その頃には，子どもたちに楽しみながら学び合う人間関係がしっかりとできていました。

● 実践例4　日本語のできない外国出身の千晴さん（小学4年生）
言葉を使わないゲームの例

1）外国からの転校生

　クラス全体が落ち着いている4年生のあるクラスに，6月に東アジアのある国から女の子が転校してきました。日本名を千晴さん。知り合いもいない。食べ物もちがう。生活様式もちがう。そして，日本語がまったく話せない。初日の表情からは，相当な緊張が感じられました。

　それでもはじめの頃は，楽しそうな様子でした。クラスのみんなは，身振り手振りでいろいろなことを伝え，教わる千晴さんもどんどん日本の学校に馴染んでいきました。

　しかし，身振り手振りで伝えられることには限界もあるでしょう。最初に担任の先生が気づいたトラブルは給食の時間でした。残した物の処理の仕方，食べたい物のおかわりの仕方など，ささいなことのようでも，子どもたちには重要です。「ミンナ　コワイ」。言葉が通じない千晴さんには，注意をしているつもりのみんなの表情が，とても怒っているように感じられたのです。

　数日後，先生はクラスの子どもからある相談を受けました。千晴さんが，下校ルートを通らずに，好き勝手な道を歩いていってしまうというのです。別の子どもからは，千晴さんがたたくという訴えです。詳しく聞くと，大勢の子どもが，実はたたかれている，それも強く……ということがわかりました。きっと，千晴さんは「この道で帰らなければならない」という日本のきまりが理解できず，覚えはじめた地理への冒険心が膨らんだのでしょう。また，たたくと思われている行為も，友だちとのかかわりを求めてのものでしょう。きっと千晴さんに悪意はありません。

　クラスの子どもたちも，頭ではわかっているのでしょう。身振り手振りで注意します。言葉で伝わらないから，どうしても表情が厳しくなります。そして「怒っている」と受けとられてしまうという繰り返しです。双方が困ってしまう状態が続きました。

第Ⅱ部　事例紹介と実施のポイント

2）アセスメント〈コミュニケーションを楽しもう〉

　先生は，「千晴さんとみんなが，理解し合えるように導こうとあせり過ぎた」ことを反省し，「とにかくたくさんかかわり合える場をつくり，一つひとつていねいな解決に導こう」と指導方針に若干の軌道修正を加えました。そして，導入を考えたのが細かな会話がなくても行える対人関係ゲームのプログラムでした。会話がないことで，千晴さんもみんなも同じ立場で遊ぶのです。

3）楽しい学校生活

　まず，あらためて多くの友だちとのかかわりをつくろうと「ひたすらじゃんけん」（2頁参照）や「じゃんけんボウリング」（16頁参照），「フルーツ・バスケット」（7頁参照），「さけとさめ（4頁参照）」を行いました。「フルーツ・バスケット」では，フルーツの種類など，簡単な日本語の勉強にもなります。「さけとさめ」では，「〇〇さん，よろしく！」と互いに握手をしてから行います。友だちとフルネームで呼び合うこと自体が心地よさそうでした。また，微妙な日本語の発音のちがいを聞きとる練習にもなっていたようです。

　さらに交流するゲームで導入しながら，徐々に協力するゲームに入っていきました。「こおりおに」（32頁参照）と「カモーン」（56頁参照）です。「こおりおに」では，会話の支障はまったくなく，千晴さんは笑顔で助けたり助けられたりしていました。日常生活で助けてくれている友だちを「カモーン」のなかで逆に励ます場面も多くみられました。

　次の段階で，役割分担し連携するゲームに入っていきます。「くまがり」（78頁参照）では，はじめのうちは，複雑なルールに困惑し，同じ役の友だちにつきっきりでしたが，そのうち細かなルールも理解し，一人でチームのために動くようになっていました。さらに「4マス・ドッチ」（57頁参照）が大好きになりました。「マリ！　ウシロ　アブナイヨ！」「アッチ　オオイヨ」「コンド　ドコ　ヤッツケル？」と，楽しく活動することで，言葉も自然にまた積極的に発していました。

　この頃は，千晴さんも「センセイ　ガッコウ　タノシイ」というようになり，そして，金曜になると「ヤスミ　イヤ　ガッコウ　トモダチイル。ヤスミ　キライ」と言っていました。

遊び係が給食でのストローを洗い，たまったところで「ストロータワー」(96頁参照)の実施です。会話なしのこのゲームは千晴さんとみんなをまったく同じ立場にしてくれます。同様に「みんなでコラージュ」(94頁参照)もとても楽しそうでした。

4) 突然の転校

10月，千晴さんの突然の転校が決まりました。家の都合で近隣の市へ引っ越しです。最後の登校日，お別れ会の千晴さんのリクエストはみんなで「4マス・ドッチ」と「くまがり」でした。校門での最後のお別れでは，朝の会で歌っていた「キセキ」をかけて見送りました。

千晴さんは，対人関係ゲームの中で起こったこと・感じたこと一つひとつがきっかけとなり，あらためてクラスみんなのことが大好きになれたようです。不安だった日本での生活，はじめての友だちたち……遊びの中での会話を越えた楽しいふれあいが，国や文化の壁を些細なものにしてしまったのでしょう。きっとこれから出会う新しい日本の友だちにも，明るい心でかかわっていけるでしょう。

〈監修者のコメント〉

千晴さんは，はじめて日本の学校を経験しました。言葉の問題もあるし慣れない生活で，どうしてよいかわからないことも多かったでしょう。言葉をほとんど使わない「交流するゲーム」が，言葉の壁を破って，千晴さんと子どもたちをつなげました。先生が，段階を追って，ていねいに対人関係ゲームを重ねていったのがよかったのでしょう。そして，対人関係ゲームによって，言葉を交わさなくても友だちと交流する楽しさを体験することができました。

千晴さんとクラスメイトたちの間によい人間関係ができてきました。千晴さんが学級を心地よいものと感じるようになったのと同時に，ほかの子どもたちにとっても学級が心地よいものに変わっていたことでしょう。

● 実践例5　学童野球チーム（小学6年生以下）
● 勝ちをめざすチームでの練習や試合の合間の仲間づくり

1）厳しい練習，練習試合

　決して伝統校ではない，それでも「必ず県大会に行くんだ！　最後の夏に県大会で奇跡を起こすんだ！」という野球部の話です。

　6年生11人，5年生12人，4年生以下8人，計31人もの学童野球チーム。月・水・金の放課後と土曜日の練習，そして，日曜日は練習試合や大会が必ず入ります。それでもこのチームの選手やお父さんたちは，さらに土・日の朝や夕方などに自主練習をするほどのパワーです。

　チームの何よりの目標は，7月に行われる県大会への出場。ささやかですが，学童野球には夢の舞台です。毎年，上学年の保護者の互選で監督・コーチが決まりますが，その年に就任した伊澤監督は，小学校の教師でした。学校のスポーツ少年団活動で，いろいろな競技の部を指導してきて「強いけれど，もめごとだらけのチーム」から「負け癖がついてしまってダラダラ練習のチーム」までいろいろなチームをみてきました。2年前コーチとなってから「強くて，いい仲間づくり」をめざしがんばってきましたが，監督を引き受け，その気持ちはさらに深まったようです。

2）アセスメント〈競い合いながら支え合う〉

　チームが勝つことはもちろんですが，個人個人で目標はちがいます。そこには，熾烈なレギュラー争いもあります。最上級生は11人，野球の先発は9人ですから，2人は補欠になります。さらに，下級生に上手な選手がいれば，当然その座を奪われます。

　勤務先の学校のクラスで，よく対人関係ゲームを行っていた伊澤監督は，チームづくりにも使えるのではないかと実践を試みたのです。しかし，早朝の全体練習前から何組もの親子が自主練習をしているようなチームで，ただ遊んでいるのでは選手にも保護者にも申し訳がありません。対人関係ゲームを「野球で

ない場面でも，速く正しくベストな判断をして，的確に動きながら助け合う練習」と位置づけ，選手に伝えました。秋から冬のオフシーズン，機会をみて練習メニューとして実施しました。

　もちろん監督は「いい仲間づくり」を願っての実践です。一方，選手たちは練習の一環で行うのですから，どのゲームも真剣勝負です。それでもやはり，遊びだからとても楽しいのです。

3）真剣勝負で対人関係ゲーム

　「サッカー」は，コートを定めた「ラインです」（59頁参照）と校庭中のどこを使ってもいい「ナインです」（58頁参照）の2とおりがあります。6年生のシュートは1点，5年生は2点，4年生以下は3点とします。そこに作戦と駆け引きが生じます。

　「こおりおに」（32頁参照）も「けいどろ」（69頁参照）も，おにやおまわりさん役は捕まえた回数を，逃げる側やどろぼう役は助けた回数を競います。みんな真剣です。

　「4マス・ドッチ」（57頁参照）は，負けたら校庭3周です。4チームのうち3チームが負けになるこのゲームでは，みんな必死で声を出し合っています。

　日曜日の遠征の帰りに，近くにいい森や林があると「くまがり」（78頁参照）です。宝はグローブやミット。本当に選手にとっての宝物を使います。

　学年対抗にしたり，くま・きじ・きつねを6年・5年・4年以下としたり，ピッチャーとキャッチャー・内野手・外野手の3すくみにしたり……。1回の負けにつき，学校に帰って校庭3周としたところ，それはもう真剣です。それでも楽しくてしかたないのです。

　合宿の昼間には「野球おに」（72頁参照）です。普段，野球という細かいルールのスポーツを練習しているため，一つの塁に何人いてもいいようなこの遊びは，笑ってしまって走れなくなる選手もいるほどです。合宿の夜には「だれのキーワード？」（83頁参照）です。もちろんお題は「野球」で，選手たちのキーワードには「県大会」「打率」「スクイズ」……。

　「『スクイズ』は清孝だ。○○戦で失敗して泣いていた！」

　「あたり！　あの試合は俺のせいで負けた……」

「『打率』は智輝だ。3割切って落ち込んでいた！」
「あたり！　お父さんに特訓された」
　ゲームをきっかけに，失敗談でも明るく話題にできるようです。

4）夏の戦い
　さあ，夏，県大会予選。
　最初の戦い，エースの涼太君は責任感から試合前に吐いてしまうほどです。みんな緊張でいっぱい。それでも何とか圧勝しました。
　2戦目，先頭から5連続三振。「負け」が頭をよぎります。均衡が崩れたのは3回，1点を先行したとき。そこからたたみかけるように出塁し，コールド勝ちで県大会出場を決めたのです。
　試合が終わっても，みんなベンチを離れられません。キャプテン清孝君，副キャプテンの宗太郎君，そして智輝君，みんな涙がとまらないのです。
　県大会初戦，最後の夏の3度目の戦いです。前半戦から有利な展開。点差をつけて，ベンチにいる遥歩君と拓実君に出場してもらうことを目標に切り替えました。そして達成，6年生全員が県大会のグラウンドに立てたのです。
　夏の4度目の対戦相手は優勝候補の強豪です。ファールフライに飛びつき，あと少し，拳でグラウンドをたたき悔しがる陸君，周平君。みんながむしゃらです。2－0の勝利，多くの参加校が驚く結果となりました。「今日が最後かも」と思っていただけに，やはりみんな涙がとまりません。
　夏の5度目の戦い。2点ビハインドの最終回裏の攻撃。ベンチではみんな負けを感じてすでに泣いています。佑宇君・涼汰君，奇跡の連続3塁打で1点差。太輝君がスクイズを決めました。2ストライクからです。同点。さらに2アウト満塁。伊澤監督はタイムをとって航介君に「バットを少し短く持って，力一杯たたく！」と指示し，サードに跳んだゴロはバウンドが高く，1塁へのヘッドスライディングは「セーフ！」となりました。この試合後にも選手たちはそのままずっと泣き続けました。次の日の地方新聞スポーツ欄の見出しは「A小学校野球部　劇的サヨナラ」でした。
　この夏，6度目の戦い。
　逆転，逆転，また逆転の試合は最終回の相手チーム4番のホームランで決ま

りました（このチームはその後4試合で圧倒的強さを見せて優勝しました）。
　選手たちの夏が終わりました。
　このチームは，1年間で131の練習試合をしました。大会近くには，誰かのエラーはみんなのペナルティとして，その数のダッシュをしました。時には監督も一緒に。1本1本「奇跡を起こすぞっ！」と夢を叫びながら……。
　参加チーム330校，通称「夏県」。一人ひとりがヒットを打って泣いて，凡打して泣いて。お父さんやお母さんたちも，みんなで勝って泣いて，負けて泣いた最後の夏。
　引退後，5年生にバトンをわたした6年生たちは，暇があるとキャプテンの家に集まり遊んでいます。キャプテンのお父さんの伊澤監督，家の中がいつもぐちゃぐちゃで，うれしい悲鳴です。野球経験のない単年度監督，それでも先生監督がめざした「強くて，そしていいチーム」，そこでは仲間づくりを願って行った対人関係ゲームというカウンセリング・ツールが，「厳しい練習もがんばる志向」と「仲間・チームを好きになる志向」の両方を後押ししてくれました。

〈監修者のコメント〉
　人間関係は，ともに楽しむ関係と切磋琢磨し合う関係の二面があります。野球でも，ほかのチームに勝つために協力し合う側面とレギュラーポジションを同じチームのメンバーと競う側面があります。この二つの側面をつなぐのが対人関係ゲームのともに楽しむ体験です。
　伊澤監督は，これまでかかわってきた集団での経験のなかで，人間関係における協力と葛藤の難しさを感じていたのでしょう。伊澤監督は，野球チームの対人関係ゲームを工夫して，繰り返し実施しました。対人関係ゲームや遊びには，夢中になってともにがんばるという特徴があります。対人関係ゲームが，チームのきずなを深め，力を出し切るチームへと成長させたのかもしれません。

● 実践例6　書き込みいじめをされたみゆきさん（小学6年生）
● 　　　　　泣きながら謝り，許せるまで

1）ひどい……書き込みいじめ

　6年生女子の中に毎日沈んだ表情のみゆきさんがいました。明らかにほかの子が仲間に入れていないなと見てとれました。しかし，グループの女の子たちは口を揃えて，「私たちは普通にしているけれど，みゆきさんが入ってこない」の一点張りでした。が，新担任の先生の聞き取りでわかったことは，悲惨なものでした。

　数名の女の子たちが，前年の12月頃から，みゆきさんの悪口を書いた紙切れを教室内で回し合っていたというのです。書かれていた内容，それは……。

　　ウザイよね　ダサイよね　キモイよね　イミフー　サイテー
　　じゃま　死ね×30　男子の前でブリッコしているよね。
　　このクラスに必要ない　不潔　話していると汚れちゃう
　　チョームカツク　あいつどんだけKYなんだよ　消えろ
　　バカ×30　死ね死ね　不登校になればいいのに

みゆきさんは「うすうすと気づいていた。自分の悪口が書いてあった紙切れを拾って『やっぱり』と思った。それからは毎日がつらくてつらくて，どうしようもなかった」と語りました。

2）アセスメント〈いじめの本当の意味をさぐる〉

　まずは，いじめに対する基本的・一般的な対応をとりました。被害児童保護者への連絡・報告・謝罪。加害児童保護者への報告。ここでしっかりと事実確認や指導の共通理解を行わないと大人のトラブルにまで発展してしまいます。

　加害児童本人や保護者がそれぞれに被害児童宅を訪れて謝罪し，みゆきさんもそのご家族も受け入れてくれました。当然クラスでも話し合いました。話し合いといっても活発な議論がなされる内容ではありません。担任の話や呼びかけに子どもたちがうなずくだけのものです。それでも「いい卒業ができるよう

に，みんなでがんばろう」としめくくりました。
　解決してから少したって実施したクラスの学校生活充実感テストの結果はさんざんなものでした。教室内の集団の緊張はすぐになくなるはずがありません。ぎこちない会話，ぎこちない笑顔，ぎこちない目配り。これらの緊張を和らげながらも，きちんとした事後指導が必要です。「被害児童に残った心の傷を，しっかりと癒したい。加害児童にしっかりと反省させたい。反省の気持ちは傍観していた子どもたちに対してももたせたい」という願いから，担任の先生は次のようなめあてを立てました。

　①対人関係ゲームを実施し，全体や個人間の緊張を解きながら，集団の質を高める。
　②時期をみて，構成的グループ・エンカウンターを行い，直接のいじめをふり返る。

　実験的実践の結果，続けていけばみんなが楽しめそうだなと思われたもののなかから，めあてに合った4つのゲームを継続的に行うことにしたのです。

3）もどった笑顔

　「4マス・ドッヂ」（57頁参照）では，みゆきさんもみんなも笑いながら必至に逃げたり，隙をねらったり……。みゆきさんが後ろからボールをあてられ，ケタケタ笑いながらあてた友だちを追いかけていた姿が印象的でした。
　夏休み後の「だれのキーワード？」（83頁参照）では，隣の友だちが「『お皿洗い』はみゆきさんだ，『毎日やる』って言ってたもん」と言い，みゆきさんは「あたり。私が忘れていた会話を覚えていてくれて，なんだかちょっとうれしい」と言っていました。みんなが自分のことを考えたり，話題にしたりしてくれる少しの時間が，教室に心地のいい居場所をつくってくれます。
　「くまがり」（78頁参照）はみんなが大好きでした。
　また，これは女の子だけですが，休み時間は教室の後ろのほうでいつも「人間知恵の輪」（52頁参照）で盛りあがっていました。無意識のスキン・シップがつくり出す感覚は，集団の緊張感を解くのにピッタリにみえました。
　どんどん自然な笑顔が増えていきました。秋には土日の休日にクラス全員が待ち合わせをして遊ぶようになったのです。みゆきさんのお母さんも「私自身

もみんなと自然に話せるようになった。みんな以前のいい顔になったと思う」と明るく話してくれました。

4）構成的グループ・エンカウンターを使って

　計画の第2段階に進める集団の基礎ができたようです。11月，卒業文集制作がはじまる時期に重ねて「6年間を伝え合おうプロジェクト」を実施しました。構成的グループ・エンカウンターを活用して，楽しかったことや尊敬していたこと，あらためて謝りたいことや卒業後の相手への願いを伝え合う場をつくったのです。

　「あのとき，ごめんね」（ごめんねメッセージ〈87頁参照〉）の授業。「まだ言えていないごめんね」や「もっとちゃんと謝りたいごめんね」を伝えます。発覚・謝罪の後，封印されていた過去に向き合うことが担任の先生のねらいです。

　みんな普通に笑顔でそれぞれ行ったり来たりしているなか，いじめていた一人の女の子がみゆきさんのところへ行ってカードをわたしたのです。みゆきさんの笑顔が一転，真顔でメッセージを読みはじめました。段々にみんなが気づきクラスに緊張が走りました。するといじめていた女の子たちが次々とみゆきさんのところへ集まってきたのです。それぞれの手にカードが握られています。黙ってわたされたメッセージを読むみゆきさん。突然大きな声で泣きはじめてしまいました。みんなどうしていいかわかりません。つらい体験をぶり返させてしまったかな……と，先生も不安です。みんなの輪から連れ出して，そっとみゆきさんに聞きました。「いじめがわかったあのときも，みんな親と一緒に家にきて謝ってくれたけれど，今，ここで，こうやってきちんと謝ってくれて，なんだかすごくうれしい」と言うのです。本人に確認して，みんなに伝えました。みんなは，またみゆきさんのところに集まり，泣きじゃくりながら「ごめんね，みぃちゃん。ごめんね」と繰り返します。みゆきさんはやっぱり泣きながら輪の中心で「いいよ，もういいよ。もう大丈夫だよ」と答えていました。そんな様子を，当時傍観していた友だちたちも，輪のまわりでじっと見つめていました。

5) 1年をふり返って

　子どもたちがいじめという事実に本音で向き合える関係を築くことができた要因には，学級経営にとり入れた対人関係ゲームの継続があります。もし，あのとき，一応の謝罪や形式的な話し合いを行うことで「解決したこと」にしていたら，みゆきさんが心からみんなを許すことも，みんなが心から償うこともできなかったでしょう。

　気がつくと大声で名前を呼び合っている，助け合っている，協力し合っている，笑い合っている——担任の先生は，そんな対人関係ゲームの1回1回が，学級集団そのものと一人ひとりの心を育ててくれたと感じています。

〈監修者のコメント〉

　いじめは，人権侵害の問題としてきちんと解決することが必要です。まずクラス全員と個別面接を行って情報を集めて事件の全貌を把握すること。アンケートは意外に役に立ちません。事実を明らかにしたうえで加害者から被害者へ正式に謝罪することが必要です。この事例は，そのあと何が起こるとよいのかを私たちに教えてくれます。

　先生は，いじめ問題が一応解決したあとに，クラスの子どもたちのぎくしゃくした人間関係に注目して，対人関係ゲームで介入していきました。子ども同士の緊張した関係がなごやかなものに変わってきたところで，構成的グループ・エンカウンターを使ってこれまでの1年間をふり返ります。そのなかで本音での謝罪と許しが起きました。子どもたちは気持ちの整理ができ，小学校生活をきちんと終えることができました。仲間意識もしっかりと育っていたことでしょう。

　いじめを受けていた児童が許しの気持ちをもつようになることもそうですが，いじめていた児童もいじめられていた児童から真の許しを得ることは，これからの人生に重要な意味をもつはずです。

2 実施のポイント

● **ポイント1　ジョイニング**

　家族療法で用いられるシステムズ・アプローチには「ジョイニング」という用語があります。「お仲間に入れていただく」という意味なのだそうです。カウンセラーが家族のみんなに受け入れられていくことを基盤に，家族システムに影響を及ぼしていくことを意味しています。

　対人関係ゲームでも，リーダーが参加者とつながることの重要性が指摘されています。「つかみ」という言葉を使うこともできるでしょう。「対人関係ゲームのリーダーにも，ジョイニングと同じものが必要」「担任の先生が，学級集団（クラス）にジョイニングすることで，学級システムによい影響を及ぼす」「それぞれに自分のもち味を生かしたジョイニングの仕方がある」「自分のスタイルができていくまでは，ゲームをていねいに実施することでジョイニングしていくのも一つの方法」「子どもたちが遊び（ゲーム）を通してつながり合うことと同じように，先生も対人関係ゲームのリーダーとして子どもとつながり合っていける」と言われています。

　効果をあせらず，結果を求め過ぎずジョイニングの気持ちで実践していきましょう。

● **ポイント2　各ゲームの展開**

1）ゲームの説明（インストラクション）
　いちばんに気をつけたいことは，長くてくどい説明にならないことです。短

くわかりやすいルール説明を心がけましょう。先生が細かいところまで説明しようとするよりも，大筋の説明の後でみんなから質問を受けて，Q&Aのかたちにしたほうがいいかもしれません。全員でその時点での疑問が解消したら，「問題が起こったら，その場で2人で解決する」「全体にかかわることは，先生に相談する」と約束します。

2）ゲーム中

ゲームの中で起こっていることを，よく観察しましょう。具体的に「○○君と□□君が相談していた」「△△君が××君を助けていた」「☆☆さんと○○さんが笑っていた」「□□君と△△さんが協力していた」など，とくによかった場面のいいかかわりやいい表情を見つけましょう。

ゲームの進行中には，トラブルもよく起こります。そのときは適切な判断をしたいものです。具体的に1対1の2人だけのトラブルかどうかがポイントです。2人のトラブルの場合はインストラクションでの約束どおり「2人で解決」させます。

もしそのトラブルが全体の動き・雰囲気に影響しそうな場合は，きっぱりとゲームの進行にストップをかけ，毅然と介入します。全員でルールを確認して再スタートします。

3）ふり返り

全体でのふり返りは，きれいにまとまらなくても，楽しかった思いといい雰囲気があればOKです。素朴な感想が伝え合えればさらによいでしょう。そして，先生の観察を「アイ（I）メッセージ」で伝えましょう。

　　わたし（先生）は，みんな上手に協力していたと思いました。
　　わたし（先生）は，みんながすごくいい顔をしていてうれしかったよ。

参加した子どもたちの感想を詳しく知りたいときはフィーリングシートに記入すると，次のゲームで観察するポイントの参考になります。

そして日常生活では，ゲームの中で起きたいろいろなよいかかわりの場面を例に出して，先生の一言です。「あのときの相談・協力，とってもよかったよね。きっといつもの生活でもできるよ」と，遊びでの体験と日常の体験が重なるよ

> **フィーリングシート**
>
> （　　月　　日）
>
> 氏名
>
> ① あてはまる番号に○をつけてください。
>
> 　　1　楽しくなかった
> 　　2　少し楽しかった
> 　　3　楽しかった
> 　　4　とても楽しかった
>
> ② 感想を自由に書いてください。

うにメッセージを送っていきましょう。

ポイント3　各ゲーム・アレンジの方法

　対人関係ゲームには，じゃんけんをベースにしたものが多くあります。じゃんけんは「わかりやすい」「偶発性で勝負が決まる」「短い時間でできる」といった長所があり，古今東西・老若男女に親しまれています。
　それらの長所に，集団による活動を加えたのが「じゃんけん列車」や「じゃんけんボウリング」です。また，じゃんけんを戦いでなく，共同の目標にしたものが，「あいこじゃんけん」です。
　さらに「さいしょはグー」をなしにして，ただの「じゃんけんポン」または，いきなり「ポン！」で行うのも効果的です。もし，「あいこじゃんけん」を「ポン！」で行ったら，きっとその瞬間「同じものを出そう」と心が重なり，「タイミングを合わせよう」と目と目が合うでしょう。そんな場面をとらえて，日常

につなげていきます。じゃんけん一つでも、いろいろなパターンのゲームができます。この発想をほかのゲームにいかします。

　また、小学生に大人気の「ドッチボール」をベースに考えて、本書で紹介している「4マス・ドッチ」をみてみます。

　4マスでやってみること自体は普通の発想ですが、勝ち残りの遊びにしたら、それはバトルロイヤルになり、「弱いところから、全滅させよう」になります。まさに単なる勝負の世界です。それを「どこかのチームが全滅したら、その時に内野の1番多いチームの勝ち」とすれば、必ずほかの2チームは、反対に全滅しそうなチームを守らなければならなくなり、チーム同士の協力・連携プレーが必要になります。クラスメイトと、チャンスで競い合ったり、ピンチで助け合ったりの感覚体験を遊びのなかでできるのです。

　さらに、「王様ドッチ」や「たからものドッチ」のように、「チームの中に個人よりも大切なものがある」という設定をつくり、役割や分担を考えるきっかけを与えます。遊びの中から、自己犠牲と組織貢献の葛藤を経験させ、ふり返りで先生のメッセージを送ります。

　「みんなでコラージュ」「グループ絵画」「ストロータワー」「新聞紙タワー」は、無言で行ってみるのもいいでしょう。しかし、初回から無言ではとまどいばかりが多く、つまらないものになってしまうかもしれません。はじめは話し合いをもとに作業し、慣れ頃をうまく判断するのがプログラムのポイントです。

　言葉が使えない条件でメッセージを送るには、表情・ジェスチャー・そして何より熱意がなくては不可能です。加えて、仲間の考えを察して、どうするかを決めなくてはなりません。ゲーム（遊び）だからできる真剣な意志疎通をうまく導き、後にそれぞれの「相手の考えと折り合った場面」「自分の考えを押し通した場面」をふり返られたら最高です。たとえば強い者が勝つ必然性と、弱い者でも勝てる偶然性の混合がゲームにはみられます。

　単純なおにごっこの感覚「捕まえるとうれしい」「逃げ切るとうれしい」に「助けるとうれしい」の要因を加えたものが「こおりおに」です。凍ってしまって動けない状態から自由になれる瞬間の喜びを味わい、それが友だちの助けによるものであることを気づかせます。

　チーム対抗で、「かけっこが速いと有利という必然性」を「速くなくても勝て

るという偶然性」の活動に変えたものが「じゃんけんボウリング」です。「かけっこが速いと有利」を「協力・連携すると有利」な条件に変えたものが「けいどろ」です。捕まったら終わりでは、かけ足の苦手な子はなかなか楽しめないでしょう。「捕まった仲間を助ける」というルール一つでそこに協力や連携が生まれます。たとえば、足の速い子がおとりになって相手を誘い出し、その間に苦手な子が助けます。さらに「宝取りけいどろ」で役割を増やし、連携の機会をつくります。

　はじめから役割を決めて、3すくみの関係のなかで追いかけ合うものが「くま・きじ・きつね」「くまがり」です。対人関係ゲームの象徴のゲームがこれらになります。たとえば、全体の人数にあわせて、くまを1名にするか2名にするかを調整したりします。同じようにおにごっこ系の遊びならおにの数を変えることで、逃げる側も追う側も協力・連携の場面が広がります。「発信地」でも、発信する人を2人にしても楽しいです。

　「バースデー・チェーン」は、誕生日でやろうとすると1回しかできませんが、「好きな数字」で小グループならショートタイムでもできます。

　また「カモーン」はじゃんけんで負けたときに「カモーン」と叫んで仲間を呼び、次の戦いに挑む遊びですが、自分が負けて味方に助けを求めるのですから、たとえば、声かけの言葉を「ごめーん」などにして遊びます。ゲームの内容は何も変わりません。「仲間（友だち）に負担をかける」＝「ごめーん」の感覚と素直に言える感性を遊びの中で体験させ、ソーシャル・スキル教育に重ねます。

　ゲームの中で「『こおりおに』でも『けいどろ』でも、助けてもらったら必ず『ありがとう』を言おうね」をルールにしましょう。そこで味わった感覚を日常の中でマナーとしていかせるように支援していきます。

　学年・年齢に応じた工夫も必要です。

　「ナンバー・チェーン」は、小学校低学年では4桁は難しすぎます。はじめは1桁でもOKでしょう。ゲームの楽しさや要領がわかってきたら、2桁にすればよいのです。中学年なら3桁以内、高学年から大人なら4桁以内とアレンジしていけます。「好きな数字」ですから、その理由を伝え合う場面もつくると心の交流も深まるでしょう。

低・中学年でいきなり「くまがり」は難しいです。「くま・きじ・きつね」で始めるといいでしょう。クラスに合った，先生ご自身に合ったゲームやプログラムをつくってみてください。

「先生と子どもたちで楽しく質の高い時間を求めている」

そのこと自体が，すでにいいクラスへの第一歩をふみ出しているのかもしれません。

ポイント4　マイ・プログラム作成の基本的な考え方

「7つの要因と3つの時期」にまとめました（次頁）。それぞれ各種類の中から代表的なゲームを例にあげています。この表を細かく分析する必要はありません。あくまで目安です。プログラム作成のための重要な要因として忘れてはならないことに「要する時間」があります。やってみようと思われる先生ご自身が，その環境のなかで実施しやすい「マイ・プログラム」を組み立てて実施してみてください。

ポイント5　実施に関するQ&A

Q1　「対人関係ゲーム」をやってみたのにクラスがよくなりませんが，なぜでしょうか？

A1　**パターン①**　ただ，漠然とやってしまっていることが考えられます。一つひとつのゲームにねらいを設定したいものです。

「このゲームでクラスをよくしたい」という漠然としたねらいではなく，段々と「このゲームで，助けてうれしい気持ちに気づかせたい」とか「○○君と△△君のかかわりをもたせたい」など，具体的なねらいをもって展開をリードし，ゲームの中で起こっていることをよく観察してみてください。

パターン②　プログラムを消化することにこだわってしまっていることが考えられます。結果・成果を押しつけてしまっていないでしょうか。

表　マイ・プログラム作成の基本的な考え方

	身体接触	勝負のつき方	活動量	動き方
初期	ない ○○バスケット チョーク・リレー たからものドッチ 定番ゲーム みんなでコラージュ	偶然性が大きい じゃんけん列車 カモーン じゃんけんボウリング 王様ドッチ 定番ゲーム	多め 木とリス くっつきおに こおりおに スクラムくずし サークル・リレー	個人で動ける じゃんけんボウリング こおりおに けいどろ 宝取りけいどろ 似顔絵メッセージ
中期	少しある じゃんけん列車 カモーン くま・きじ・きつね サークル・リレー 背中にメッセージ	必然性を含む さけとさめ チョーク・リレー 文房具みっけ ブラインド・リレー 発信地	↓ 動きなしも 入れていく ↓	↓ だんだん 協動で動く ↓
後期	あってもOK フラフープ送り 平均台ハグリレー 人間知恵の輪 スクラムくずし いすとりゲーム	かかわりで 必然性をつくる ナンバー・チェーン こおりおに 4マス・ドッチ ストロータワー だれのキーワード？	静も動も 楽しめる 集まれっ！ ぼう送り くまがり みんなでコラージュ 定番ゲーム	協動で動く ブラインド・リレー 人間いす くまがり 新聞紙タワー 発信地

「早くいいクラスにしたい」「早くこの問題を解決したい」と，ゲームのリーダーである先生が，結果を求めるばかりに「楽しまないと先生が怒る……」というオーラを出しては，カウンセリングとしての意味や効果は半減です。必要があるときは毅然と介入しますが，トラブルをよい体験に導くくらいの心のゆとりが必要です。

子どもがゲームの中で体験したトラブルをも，スキル教育としていかし，日常につなげようとするゆとりをもちたいです。

パターン③　選択したゲームとクラスの実態が合っていないことが考えられます。極端に言えば交流のゲームだからと，いきなり中学生や高校生に「じゃんけん列車」をやっても，引いてしまう生徒も多いでしょう。また，「研修でやってきた」と，いきなり「ナンバー・チェーン」を行っても「ふーん」で終わってしまいます。

2　実施のポイント

語り合い	楽しみ方	ルールの難易度
なくてOK	勝負を楽しむ	
さけとさめ 発信地 ありあり野球 人間いす スクイグル	イチッ・ニッ・サン・シッ カモーン スクラムくずし サークル・リレー 友だちワープ	基本的には簡単な ゲームから始める ほうがよい。
作戦を話し合う	かかわりを楽しむ	
みっけ ラインです インベーダーゲーム 野球おに みんなでコラージュ	クッキー・デート 人間知恵の輪 スクラムくずし くま・きじ・きつね 背中にメッセージ	でも……。 その学年や年齢で 難しさから生じる 拒否感がなければ OK。
役割や連携を 話し合う	役割や連携を 楽しむ	
4マス・ドッチ くまがり 横つなひき ありあり野球 グループ絵画	ありあり野球 4マス・ドッチ くまがり グループ絵画 ストロータワー	

　まず，いま目の前にある集団（クラス）でできるかぎりのイメージをふくらませます。それでもこちらが選んだゲームのすべてに子どもがのってくるとはかぎりません。

　パターン①で「楽しければいい」ではだめと述べていますが，それは大きなスパンでの基本です。「楽しさ」つまり「くいつき」を探るための実験的実践（個別カウンセリングでいえばインテーク面接のようなもの）を行うこともひとつです。

Q2　やらなくてはならないことが多く，いつ実施してよいかわかりません。
A2　朝の会や帰りの会，体育「体つくり」，学級活動（ホームルーム）そして総合的な学習の時間などに実施してみましょう。具体的には，第Ⅰ部の各ゲームにあげられた「こんなときにおすすめ」を参考にしてください。

対人関係ゲームには，教科体育の「体つくり」の領域で推薦できるゲームが多くあります。体の動きが多いゲームのほとんどがこの領域で適しているでしょう。時間のかからないゲームは朝の会や帰りの会を利用して実施できます。時間のかかるゲームについて，先行実践者たちは，学級活動（小学校）やホームルーム（中学校・高校）の時間を使っています。

　また，グループカウンセリングとしての理論・要因から，「総合的な学習の時間」にコミュニケーション能力育成の一プログラムとして実施している先生も多いようです。

Q3　中学生や高校生はあまりゲームにのってこないのではないでしょうか？
A3　そうとはかぎりません。大人（企業の新入社員研修など）でも効果が報告されているくらいです。「楽しく行えるか否か」は実施する集団の学年や年齢の要因がないわけではありませんが，それはほんの一部に過ぎません。

　子どもたちを「楽しませなくては」というプレッシャーや責任感よりも「楽しんでくれるといいな」くらいの実験的な試みからはじめてみてはいかがでしょうか。

Q4　自分のものになるまでには相当時間がかかるのではありませんか？
A4　楽しむつもりで時間をかけましょう。それが対人関係ゲームです。

　たとえばカウンセラーの資格をもつ先行実践者のなかでも試行錯誤があるようです。しかし，必ず地道な実践から，自分のスタイル「マイ・オリジナル」ができあがっていきます。各地に実践仲間がいます。よかったら一緒に取り組んでいきましょう。

Q5　参考になる本や研修会はあるのでしょうか？
A5　つぎの書籍が参考になります。
　『実践　グループカウンセリング──子どもが育ちあう学級集団づくり』田上不二夫・編著　金子書房
　『特別支援コーディネーターのたの対人関係ゲーム活用マニュアル』田上不二夫・今田里佳・岸田優代・編著　東洋館出版社

『対人関係ゲームによる仲間づくり——学級担任にできるカウンセリング』
田上不二夫・編著　金子書房

　日本カウンセリング学会で開かれる全国大会・研修会では，ここ数年「対人関係ゲーム」のコースがあります。また，実践されている先生方がシンポジウムを開いたり，ポスター発表をされたりしています。シンポジウムやポスター発表では，直にその方々と質疑応答ができます。

　さらに，日本カウンセリング学会長野支部では，対人関係ゲームを研究・開発された先生方がリーダーとなり，毎年，飯綱高原で研修を行っています（この研修会はガイダンスカウンセラーの強化研修にも指定されています）。

ポイント6　SS（Strategy by Staff）会議

　Strategy とは作戦，方略を意味します。2012年の日本カウンセリング学会全国大会（麗澤大学）で伊澤と田上が提案した仲間による作戦会議です。あるクラスでの出来事を担任が抱えこまずに，まわりの同僚などと協力して解決するためのしくみとして考案しました。学校生活充実感テストなどの結果から「今できる具体的な支援とは何か」を探ります。

　まず，会議の進行役を決めます。年長者や主任さんでなくてもかまいません。仮に年長者や主任さんが進行役であっても，指導的立場やスーパーバイザー的役割ではないことを確認しましょう。下記の手順で明るく進めてください。

1段階　クラスの現状と担任（相談者）の思いなどの理解
　ステップ1　学校生活充実感テストなどのクラスの状況を示したグラフを見ながら，全体の様子や各尺度で得点の高い子どもと低い子どもをできるだけ客観的に確認する。
　「F君とWさんは勉強・先生・友だちの得点が3つとも低いね」
　「勉強と友だちが低いのは，Aさんだね」
　「先生ポイントが低いのは，CさんとRさん」などです。
　ステップ2　担任（相談者・提供者）がクラスの様子や担任としての思い・

自身の環境などを伝えます。

「クラスの雰囲気・様子（事実）は……」

「〜に困っているのだけれど，〜してほしいと願っているんだ（思い）」

「夕方○時までに病院に行かなくてはならなくて……（自分の環境などの事情）」などを伝えます。

　自分の環境については，プライベートなことも OK にしましょう。仲間として互いに尊重し合いたい大切なことです。聞く側は最後まで黙って聞きます。

ステップ3　うまくいっている部分，うまくいっていない部分などを検討し，担任の抱える不安や困難に対する理解を深めます。

　スタッフがフリーで質疑しますが，質問や解答は事実の確認のみにとどめます。とくに「上手くいっていること」と「上手くいっていないこと」が明確にできるといいです。

2段階　担任・スタッフがもつ援助資源の相互確認

ステップ4　担任やスタッフがもつよい資源を互いに確認し合います。ここで一旦，グラフの学級の状況から離れます。あらためて，担任の先生の指導や特技など普段「いいな」と感じることや援助に役立てられそうなスタッフの知識や特技を互いに出し合います。

「○○先生は，F君とCさんとI君を担任していたね」

「△△先生は昼休みによく子どもたちと遊んでいるね」

「☆☆先生，厳しいけれど子どもたちは慕っているね」

3段階　具体的援助の提案（再びグラフの学級の状況に注目します）

ステップ5

①担任自身が行っている援助・指導への継続提案

②担任自身が行っている援助・指導への改善提案

③担任が行っていない学習ツールやカウンセリングツールの提案

④直接的・間接的に自分ができそうな協力提案

　スタッフが各自具体的な提案を付箋紙などに記入しグラフに添付します。それぞれに関して，提案者がコメントします。交代で手短に，抽象論でなく，具

体的行動案で伝えることがポイントです。
　ステップ6　担任が気になる具体案についてのみ質問し，提案者が補足説明します。うまくいきそうなこと，うまくいかなそうなことを意見交換しますが，一つひとつの提案に現実的な展望や注意点などを明らかにします。
　ステップ7　担任自身が「やってみよう・やってほしい」と思う具体案を選びます。採用されなかった提案（付箋紙）は，笑顔で取り除きます。

4段階　事後の想定
　ステップ8　実施期間を決め，対象児童の3尺度それぞれ目標得点を定めます。
　ステップ9　経過・結果を確認する日時を決めます。
　ステップ10　スタッフで担任に一言ずつのメッセージを送ります。

　実際にSS会議を行ったところ次のような感想がみられました。
・あらためて自分のしてきたことを見直せました。
・スタッフに話すことで，自分自身が状況を整理できました。
・以前，放課後の職員室で「うちのクラスの○○が……」など本音で言い合えました。その話の中でヒントを得たことも多くありました。SS会議のようなものだったなと思い出しました。
・相談者だけでなく，スタッフ全員にとってもよい参考になりそうです。
・具体的な行動案が出されて，今すぐ取り組めそうで，結果が楽しみです。
・うまくいかないときでも再び行い，何度でも工夫改善を図れそうです。
・子どもにも担任にも負担にならず，楽しみながらコミュニケーションとスキン・シップを図っていこうと思えました。
・すぐに行動をおこすことができるし，反省や改善もしやすいと感じました。
・自分が行動することを決めて終わるのでありがたいです。
・お互いの考えが出しやすく，現実的なところに焦点をあてることができます。
・会議も無理なく，繰り返しやれそうです。
・実際のスタッフで解決策を考えることで，本当にその子を思った指導をすることができそうです。より具体的で適切な策が生み出されるのではないかと

思います。

　学級経営の作戦会議には，テストを用いて学級の状態をつかんだり，教育委員会の指導主事などが助言する事例検討会を聞いたりなど多くのすばらしい方法があります。
　ここでは学校生活充実感テスト（中村ほか，2005；中村・田上，2007）を活用し，学年スタッフや職員室の気の合う同僚や尊敬している先輩など「いまいる仲間で，いまできる具体的な何か」を探ることを提案しています。そして，対人関係ゲーム・プログラムが学校生活に及ぼす効果を確認してみてください。

文献

中村恵子・山本淳子・鹿嶋真弓・田上不二夫　2005　対人関係ゲームによる学級の人間関係づくり（10）——学校生活充実感尺度（中学生版）の作成　日本カウンセリング学会第38回大会発表論文集　209.

中村恵子・田上不二夫　2007　対人関係ゲームによる学級の人間関係づくり（17）——学校生活充実感尺度（小学生版）の開発　日本カウンセリング学会第40回大会発表論文集　217.

第Ⅲ部

対人関係ゲームの理論

より専門的に理解するために

> 　どのような理由でこの本を手にしましたか。遊びをもっと学校にと考えてのことかもしれません。人間関係づくりや集団づくりに関心をもっている先生だから，この本に興味をもったのかもしれません。本書は，使いやすく有意義なゲームをたくさん紹介しています。きっと役に立つことでしょう。
> 　ここでは遊びやゲームの活用をもっと有意義なものにしたいと思う先生のために，対人関係ゲームの理論を簡潔にまとめました。さらに深く学ぶには，田上（2003，2010）を熟読してください。

（1）人間関係に注目する

1）人間関係の重要性が増している

対人関係ゲームは，遊びやゲームを通して人と人が人間関係を発展させて集団づくりをしていくことをめざします。

なぜ集団づくりをめざすのか？ 人間関係づくりや集団づくりは人間が生きていくうえで欠かせないものと考えるからです。競い合ったり，助け合ったり，学んだり，人は人の中で育ちます。また何かを成し遂げるには人間関係が欠かせません。そして人間関係は，うまくいかないとストレスとなり，親和的な人間関係はストレスを解消します。学級の人間関係がうまくいくと子どもは学校に居場所をつくることができます。

2）関係性に焦点をあてた支援

対人関係ゲームは，クラスには入れない児童の登校支援からはじまりました。家庭科の授業だけは参加していたのですが，緊張して自分の席に固まっていた児童の不安を解消する目的で，最初の対人関係ゲームは導入されたのです。構

表　ゲームの種類

種　類	代表するゲーム
交流する	いろいろじゃんけん，さけとさめ，○○バスケット，集まれっ！，じゃんけん列車，プロペラおに，木とリス，じゃんけんボウリング，くっつきおに，イチ・ニ・サン・シッ！，探偵ゲーム，メリーゴーランドトーク，サイコロ・トーク，足し算トーク
心をかよわす	クッキー・デート，だれのキーワード？，似顔絵メッセージ・背中にメッセージ，ユアツリー（わたしの木），ユアストーン，あなたはどっち？，ありがとうシャワー
協力する	発信地，チョーク・リレー，友だちワープ，友だちモンタージュ，こおりおに，手つなぎふやしおに，人間知恵の輪，スクラムくずし，カモーン，サークル・リレー，ブラインド・リレー，ナンバー・チェーン，ねこ・ねずみ，のびちぢみリレー，人間いす，いろいろビンゴ
役割分担し連携する	横つなひき，竹取物語，王様（王女様）ドッチ，野球おに，けいどろ＆宝取りけいどろ，くま・きじ・きつね，くまがり
折り合う	グループ絵画，みんなでコラージュ，ストロータワー，新聞紙タワー

成的グループエンカウンター（SGE）のエクササイズの実施方法を参考に，遊びの身体運動反応で不安を下げて，子ども同士の交流を生み出そうとしたのです。3回実施したところで，児童はすべての授業に参加するようになりました。授業の休み時間には，子ども同士に遊びに誘ったり誘われたりの関係ができていました。

　研究会の仲間で，この事例を詳細に検討しました。そこで気づいたことは，教室には入れなかった子どもの緊張感や不安が解消しただけではなくて，クラスメイトとの関係が大きく変化していたことです。それからは不登校の支援で，児童・生徒本人に向いていた支援から関係に注目した支援に切り替えました。そのことで学級復帰の成果が格段と改善しました。

　さらに通常学級における特別支援教育の指導にも変化が起こりました。クラスメイトとの関係が変化することで，障害児は自信を取り戻して充実した学校生活を送るようになったのです。

　もちろん対人関係ゲームをするだけで変わったわけではありません。関係に注目し，学ぶことと人間関係に総合的に配慮した教育をすることで変化が起きたと考えています。くわしくは，田上（2010）の著書を参照してください。

（2）遊びを使った集団づくり

1）対人関係ゲームによって生まれる社会的行動

　対人関係ゲームの種類やルールによって，人と交流したり，協力したり，連携したり，コミュニケーションなどの社会的行動が出やすくなります。そして，人と協力したりコミュニケーションをとったりして人と楽しい体験をすると，再び協力したりコミュニケーション行動をとるようになるのです。

　人間関係を発展させるために，対人関係ゲームには5種類のゲームがあります。各ゲームの特徴は図（次頁）に示されているとおりです。これらのゲームは，どのようなときに使われるのでしょう。

　いま学校では，自分の属する仲良しグループとしか交流できない子どもが増えています。グループの垣根を越えて学級の誰とでも協力したり話し合ったりできる学級環境をつくるには，交流するゲームを繰り返し行なうことが重要で

第Ⅲ部　対人関係ゲームの理論

す。協力するゲームは人間関係づくり・仲間づくりの中核です。交流するゲームと合わせて協力するゲームを繰り返します。楽しいゲームは何度でも楽しめます。役割分担し連携するゲームは，学級が組織として学校行事や学級活動に取り組むための社会的能力を養います。特別活動の基盤となる学級集団づくりに欠かせません。このように，学級はみんなで交流でき，協力でき，役割分担と連携ができる集団へと発展していきます。

　その一方でお互いに個を尊重するという問題が生じます。学級全員で大縄跳びに挑戦することになったとしましょう。やりたくないと思っている子どもがいても，集団圧力でいやいや参加する子どももいるのではないでしょうか。みんなが盛りあがるなか，これらの少数の子どもたちに目が向かないこともあります。個人に目を向け，個人を尊重し合うゲームが心をかよわすゲームです。さらに折り合うゲームで，自分の気持ちと他者の気持ちの両方を尊重しつつ，自分と折り合い他者と折り合うことを学びます。アサーション・トレーニング

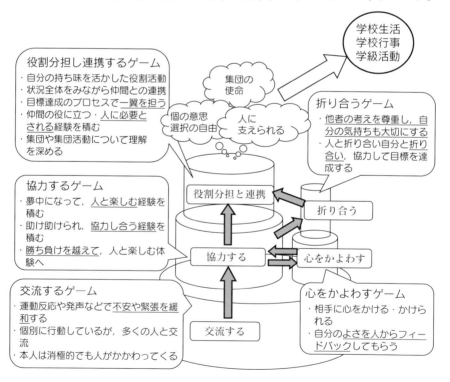

(2) 遊びを使った集団づくり

(主張訓練) のようにスキルを学ぶのではなく，アサーションの基になる人間関係を学びます。

2) 遊びの効用

なぜ遊びでなくてはいけないのでしょう？ みなさんにも考えてほしいのですが，いまのところ理由が7つ考えられています。

第一に，遊んで「楽しい」というのは人の本能に近い欲求だからです。欲求が満たされることで心が安らかになります。ストレスが解消されます。二番目に，遊びで身体を動かしたり声を出したり，ハラハラ・ドキドキしたり楽しい感情が緊張や不安を吹き飛ばしてしまうのです。三番目に，遊びの「楽しい」という感情は，「もう一度やってみたい」「もう一度，人と一緒にやりたい」というように，遊びと人間関係を促進する動機づけを高める働きがあります。四番目に，一緒に「楽しい」体験をすることは，人と人の絆を深める働きがあります。仲間意識が育ちます。五番目に，「楽しい」活動は人の自発性や創造性を触発する働きがあります。六番目に，遊びのなかで人に支えられたり人の役に立つことができ，人間関係の欲求が満たされます。人にやさしくなれます。そして人の役に立ち支えられる経験は自信を生みます。七番目に，集団遊びにはたくさんの社会的行動が含まれています。協力したり，助けたり助けられたり，あいさつしたり，話し合ったり，遊びには人間関係を発展させる重要な要素がたくさん含まれています。自然に近い形でソーシャルスキルを学習できるのです。遊びの効用は古くから知られており，プレイセラピーとして活用されてきました。

3) 友だちではなく集団づくり

対人関係ゲームは，友だちづくりの方法ではありません。友だちとはどんな人でしょう？ 困ったときに悩みを聞いてくれる人。必要なときに助けてくれる人。気が合う人。一緒にいて楽しい人。友だちとは私的な関係であり好き嫌いが関係しています。友だちづくりと集団づくりは，共通な点もありますが少しちがっています。

対人関係ゲームがめざすものは，メンバーが目標を共有し，協力や連携をし

て目標を達成する集団です。その過程で自分と他者が尊重される集団です。ですから，友だちというのではなく一緒に仕事をする仲間です。学校でいえば，一緒に学んだり学校行事に参加したりする仲間です。学級集団には，心が許せる友だちが数人いるだけではなく，みんなで協力し連携できる学級全体の人間関係が必要です。もちろん対人関係ゲームで一緒に遊んだり協力したりするうちに，学級のなかに友だちもできます。

　生産的な組織・集団には二つの側面があります。まず組織の使命をメンバーが共有していることです。二つ目は，メンバーの意思の尊重や選択の自由があることです。メンバーの意思の尊重や選択の自由を確保することで，メンバーは創造的にかかわることができ，おもしろがって活動に参加することができます。さらに組織のめざす使命を共有することで社会に貢献しているという意味をもつことができ，一緒に目標に向かって手をたずさえていくという"われわれ意識"も高まります。

　リーダーとメンバーを明確に区別するのではなくて，リーダーとメンバーが一緒になって組織の使命を創り出し共有することが基盤となります。

4）SSTとの関係

　人間関係づくりというと，ソーシャルスキル・トレーニング（SST）や構成的グループエンカウンター（SGE）との異同を質問されることがあります。人に聞かれたとき，きちんと説明できることが必要です。

　SSTは，人間関係をつくり社会生活を送るのに必要なソーシャルスキルを習得するためのトレーニングです。ソーシャルスキルが不足している人にはSSTが効果的です。しかし，特定のスキルをトレーニングで習得するだけでは不十分で，学んだスキルを使う機会が必要なのです。つまりソーシャルスキルが使える人間関係や集団を必要とします。

　対人関係ゲームでは，遊びやゲームを繰り返すことで，協力したり，声かけしたり，気持ちを伝えるなどでソーシャルスキルの学習が起こりますが，対人関係ゲームの特徴はソーシャルスキルが使える人間関係や集団づくりにあります。基本的なソーシャルスキルが身についていない子どもがいる場合には，対人関係ゲームのルールのなかに，あいさつしたり，呼びかけたり，感謝を述べ

たり，話し合ったり，コミュニケーションをとる内容を盛り込むことで，ソーシャルスキルの習得を自然に進めていくこともできますが，SSTによる学習と対人関係ゲームを組み合わせることもできます。

5）構成的グループエンカウンター（SGE）との関係

　最初，対人関係ゲームはSGEのエクササイズの実施方法から集団を動かすスキルを学びました。そのために，対人関係ゲームの実施方法がSGEのエクササイズの実施方法と似ています。しかし，その内容がちがっています。

　SGEは行動・情動・認知に影響するエクササイズを行ないます。ですから教室のなかでSGEのエクササイズとしてSSTやアサーション・トレーニングの内容をとりあげることもできます。実際にそのようなことが行なわれています。

　そしてSGEの最大の特徴は，エクササイズを行った後のシェアリングによる出会いと本音による交流です。シェアリングを重視して，それに基づいた仲間同士の支え合いと自己理解・他者理解を目標としています。この特徴を色濃く備えたジェネリックSGEに対して，教室で使いやすいように修正したものをスペシフィックSGEとよんで区別しています。

　対人関係ゲームは，遊び・ゲームによる集団づくりとソーシャルスキルの学習をめざしており，目的がちがうのです。だからSGEと対人関係ゲームを並行して使うこともできます。

6）参加しながらの学習

　対人関係ゲームがSSTやSGEと根本的にちがうところは，「参加しながらの学習」という点です。このような学習は太古の昔からの伝統的な学びです。

　子どもたちは大人に交じって狩や農耕に参加しながら，弓矢の使い方や農具の使い方を学んできました。動物の習性，植物の性質，土や地形や気候について身体で覚えました。学校教育が始まる以前には，人びとは仕事に就きながら必要な能力を習得してきたのです。

　対人関係ゲームでは，「人と仲よくするには」とか「人とコミュニケーションをとるには」とか，特定の課題を取り出して教えません。まず集団活動に参加するところから始まります。集団活動に参加しながら，集団や人間関係につい

て身体で学び，ソーシャルスキルを身につけていくのです。
　「対人関係ゲーム」という名称を使うと，学校教育のなかで抵抗を感じる人がいるかもしれません。そのような場合は，「人間関係プログラム」というような言い方をしたほうが，学校のなかでは実施しやすいかもしれません。

（3）人間関係が苦手な子どもと人間関係プログラム

　対人関係ゲームでは，クラスでもっとも人間関係を苦手としている子どもに注目します。人間関係をもっとも苦手としている子どもがゲームに参加できるように配慮することで，そのほかの子どもにとってもゲームに入りやすくなります。孤立している子ども，乱暴な子ども，学校生活充実感テストで友だち関係の得点が低い子ども，Q-Uテストの要支援群にいる子どもなど，人間関係が難しい子どもの何が困難を引き起こしているかを考えます。人間関係を困難にしている要因の見当がついたら，対人関係ゲームを実施する際の留意点を考えましょう。

１）不安や緊張が非常に強い場合
　人と交流するときに不安や緊張が非常に強い場合があります。人の行動が気になったり自分がどう思われるかを気にする評価懸念などもそうです。不安や緊張が高いと身も心も固まってしまいます。それでは，とても人と交流することができません。対人関係ゲームでは，不安や緊張を緩和する方法として身体運動反応を活用します。身体を動かしたり発声したりすることで不安や緊張を解消していきます。
　クラス替えなど新しい人間関係のなかでは不安や緊張がともなうのはあたりまえです。一般的に，運動量が多く発声をともなうゲームからはじめます。

２）学級の人間関係がうまくいっていない場合
　授業が成り立たない学級やいじめなどの問題が起こったりして人間関係がぎくしゃくしている状態では，人間関係を苦手としている子どもたちはその影響を強く受けます。学級の人間関係を改善することが重要です。

(3) 人間関係が苦手な子どもと人間関係プログラム

　授業が成り立たないような学級で対人関係ゲームを行う場合は，全員参加でやることに無理があります。そのようなときは，参加しないでまわりで観察する子どもがいてもかまわないと思ってください。リーダーとしては，ゲームに参加しない子どもがいると気になります。でも参加したいという気がなければ，無理強いしないほうがいいようです。
　最初は参加しなかった子どもも，ほかの子どもが楽しくやっているのを見ていると，ゲームに参加したくなってきます。そして，一人二人と参加するようになります。

3）排斥されている場合
　最初は交流するゲームを繰り返し実施し，ほかの子どもが接してくるようすをよく観察しましょう。また「ひたすらじゃんけん」や「じゃんけんボウリング」など，自分から動かなくても，ほかの子どもがかかわってくるゲームを選択するのもよい方法です。みんながかかわってきてくれると，しだいに自分からも行くことができるようになります。
　観察によって，よく接触してくる子どもがわかったら，その後のゲームでは同じグループになるようにするのもひとつの工夫です。そして少しずつ人間関係の輪を広げていきます。

4）ルールが理解できない場合
　ゲームのルールを理解するのが難しいときには，図に描いて視覚化したり，ルールをソーシャルストーリーにして説明したりするなど理解しやすい工夫をします。全員でゲームをする前に，ルール理解に心配のある子どもに一度体験させておくのも一つの方法です。
　最初は参加しなくても，突然参加するようになることも少なくありません。ほかの人がやっているのを脇で観察しているのです。何度もゲームを繰り返すとルール理解が深まります。

5）刺激に過敏すぎる場合
　発達障害などで刺激に過敏な子どもがいます。静かなゲームを選ぶとか，最

初は身体接触のあるゲームを避けて少しずつ慣れるようにする工夫なども大切です。参加できるゲームを何度も繰り返すのも一つの方法です。

6）遊びに関心がない場合

　遊びに興味がなくて参加しないときには，子どもの負担が少なく参加しやすいゲームを選ぶとよいでしょう。ゲームに一度参加して楽しい体験をすると，その後はスムーズに参加するようになります。

　性格的に一人でいることを好む子どももいます。一人でいたいという気持ちを尊重することも忘れてはなりません。

（4）プログラムの構成

1）種類

　ゲームの種類を考えながら人間関係と集団が発展していくように，ゲームの順序性と組み合わせが大切です。直線的な展開よりも，ら線状の発展を考えます。まず交流するゲームと協力するゲームを繰り返し実施します。人と楽しみ，協力し合う経験を繰り返すことが重要です。その間に，ほかの種類のゲームを入れます。

2）ゲームの難易度

　ゲームにはいろいろな特徴があります。ソーシャルスキルの難易度もその一つです。ひたすらじゃんけんは，1分間，人とじゃんけんをするだけなので，ルールはわかりやすく，コミュニケーションは「じゃんけん，ポン」と言うだけ。歩き回り声を出すことで緊張や不安が下がります。自分は待っていても人がきてくれます。参加が容易なゲームといえます。

　それに対して，自由に話したり，自分の気持ちを表現したり，人との身体接触を必要とする内容はハードルが高いゲームになります。学級によっては，男女で協力し合うゲームは難易度が高くなります。

3）運動量

　ゲームの並びで重要なのが，動と静の組み合わせです。激しい動きを必要とするゲームが続いたら動きの少ない静かなゲームを組み合わせ，動と静のリズムを大切にします。

4）全体とグループ

　忘れてはならないのが，小グループ活動と全体活動の組み合わせです。小グループのゲームは人と人の結びつきが強くなりますが，全体性が薄くなる傾向があります。個と個の結びつきを強めながら全体としての結びつきの発展をはかることが必要です。

5）自由度

　不安や緊張が強かったり，それまで交流がほとんどなかったりする集団では，リーダーの指示がないと交流は起きません。しかしゲームをするときに，リーダーの指示に従うだけではおもしろみが半減してしまいます。遊びは創造性が命です。子どもの発想が発揮される程度にも注意することが必要となります。

6）プログラム全体の流れ

　どのゲームから始めてどうつなぎ，どのように終えるのかの流れを考えることも大切です。プログラムの最終には心をかよわすゲームを行い，人から大事にされたという経験で終わるのが，余韻があって参加者はもちろんリーダーにも好まれます。

7）参加者の特徴

　参加者の経験もプログラムを構成するうえでの重要な要因となります。各ゲームで参加者がどのような経験をするかは，参加者個人の姿勢によってもちがってきます。人間関係をつくる能力やできあがっている人間関係と集団の状態，そしてゲームを展開するリーダーの教示の仕方などによって体験内容がちがってきます。ゲームの内容がちがってくるのです。

(5) 実践の評価を行う

　ゲームを実施しているときには，人間関係を苦手としている子どもがどのように参加しているか，ほかの子どもたちがどのようにかかわっているかを慎重に観察し記録していくことが大切です。

　ふり返りシートを使って，子どもたちがゲームを行いながら何を考えたり感じたりしていたかを知ることも重要です。また学校生活充実感テストやQ-Uテストなどを使って，実践前後の得点を比較します。日常の学校生活のようすや学校行事への参加の変化も重要です。このような方法によって，実践が効果的に行われているかどうかを評価することができます。

　そして仲間と一緒に事例検討会を開きましょう。事例検討会では，うまくいかない事例を検討することが多いと思いますが，うまくいった事例を積極的に取りあげましょう。そのやり方で少なくても1事例はうまくいったのですから。うまくいった方法をいろいろ知っていることは重要です。方法をいくつも知っていれば，一つの方法でうまくいかなかったときに，子どもや家庭を責めることを避けることができます。やり方をたくさん知っていれば，うまくいかないときに別の方法を選べばよいのですから。仲間から「よくやった」と認められることも，はげみになるので大切です。

文献

田上不二夫（編）　2003　対人関係ゲームによる仲間づくり——学級担任にできるカウンセリング　金子書房

田上不二夫（編）　2010　実践 グループカウンセリング——子どもが育ちあう学級集団づくり　金子書房

あとがき

　対人関係ゲームはこれまで，『実践　スクール・カウンセリング』（1999年），『対人関係ゲームによる仲間づくり』（2003年）などの書籍で紹介されはじめました。さらに『実践　グループカウンセリング』（2010年）では，学校教育のなかで学級づくりや特別活動，問題解決の手段として対人関係ゲームを実践している小中学校や高等学校，大学の教員による事例が紹介され，活用のしかたも多様になってきました。学会での発表としては，2004年のカウンセリング学会全国大会において実践者のポスター発表がはじまり，2014年大会までには約70例の研究や事例が発表されています。その間，対人関係ゲームは特許庁に登録商標されたり，『カウンセリング心理学ハンドブック（全3巻）』（2011年，金子書房）に収載されたりするなどして学術的な広がりをみせています。

　しかし，全国的にみるとまだまだ実践者は少ないものです。本書を読んで，対人関係ゲームに興味をもたれた方がおいででしたら，ぜひ私たちと一緒に対人関係ゲームに取り組んでみませんか。そして，これまで対人関係ゲームを実践してきた仲間にぜひともその成功談や失敗談，工夫やマイ・アレンジを届けてください。一定数の事例が集まれば，対人関係ゲーム・プログラムの新しい事例集が実現するかもしれません。全国の各地で学級担任として日々子どもとふれあい，子どもの集団づくりにご尽力されている方々に新しい仲間として加わっていただけることを願っております。

　最後に，本書のイラストを描いてくれた岡田真理子さん，イラスト作成の段階で多大なる貢献をしてくれた木村奈央さん，増山敦子さん，妻の伊澤みゆき，各位の協力に心からお礼申しあげます。また，企画・計画段階から編集にいたるまで，監修の田上不二夫先生にはあたたかく細やかなご指導・ご助言をいただきました。加えて，金子書房編集部の渡部淳子さんのご尽力なくしては本書の刊行はありえませんでした。お二人に心からのお礼を申しあげます。

　2014年11月20日

伊澤　孝

田上不二夫（たがみ ふじお）　監修，第Ⅲ部執筆

筑波大学名誉教授。教育学博士（筑波大学）。
1973年東京教育大学博士課程中退。信州大学助教授，筑波大学教授，東京福祉大学教授を歴任。
カウンセリング心理士（スーパーバイザー）。一級キャリアコンサルタント。
主著に『対人関係ゲームによる仲間づくり——学級担任にできるカウンセリング』（編著），『実践グループカウンセリング——子どもが育ちあう学級集団づくり』（編著），『不登校の子どもへのつながりあう登校支援——対人関係ゲームを用いたシステムズ・アプローチ』（単著，いずれも金子書房）ほか。

伊澤　孝（いざわ たかし）　第Ⅰ部・第Ⅱ部執筆

栃木県公立小学校教諭。
東海大学教養学部卒業。警察官，会社員を経て教師に。筑波大学大学院教育研究科に内地留学し，カウンセリングを学ぶ。日本学校教育相談学会大会で実践事例等を継続して発表している。
公認心理師，ガイダンスカウンセラー（スーパーバイザー），カウンセリング心理士，上級教育カウンセラー，子どもの居場所事業「こどもてらす」専任カウンセラー。
主著に『どの学級でも盛り上がる！鬼ごっこ＆じゃんけんの魔法——「遊び」と「グループカウンセリング」の視点で「つながり」をつくる』（単著，ほんの森出版），『実践グループカウンセリング——子どもが育ちあう学級集団づくり』（分担執筆，金子書房）ほか。

イラスト資料協力／木村奈央，増山敦子，伊澤みゆき
イラスト・装幀／岡田真理子

学級の仲間づくりに活かせる
グループカウンセリング
対人関係ゲーム集

2015年2月25日　初版第1刷発行　　　検印省略
2025年2月25日　初版第2刷発行

監修者	田上不二夫
著　者	伊澤　孝
発行者	金子紀子
発行所	株式会社 金子書房

〒112-0012 東京都文京区大塚3-3-7
TEL03-3941-0111／FAX03-3941-0163
振替 00180-9-103376
URL https://www.kanekoshobo.co.jp

印刷／藤原印刷株式会社　製本／有限会社井上製本所

© 田上不二夫・伊澤孝，2015
ISBN978-4-7608-2393-2　C3037　　Printed in Japan